昆亭康楽

ダントツNo.1

坂上仁志

世界一やさしいイラスト図解版！

ランチェスター No.1理論

Lanchester's Management Strategy

小さな会社が勝つための3つの結論

坂上 仁志
Sakaue Hitoshi

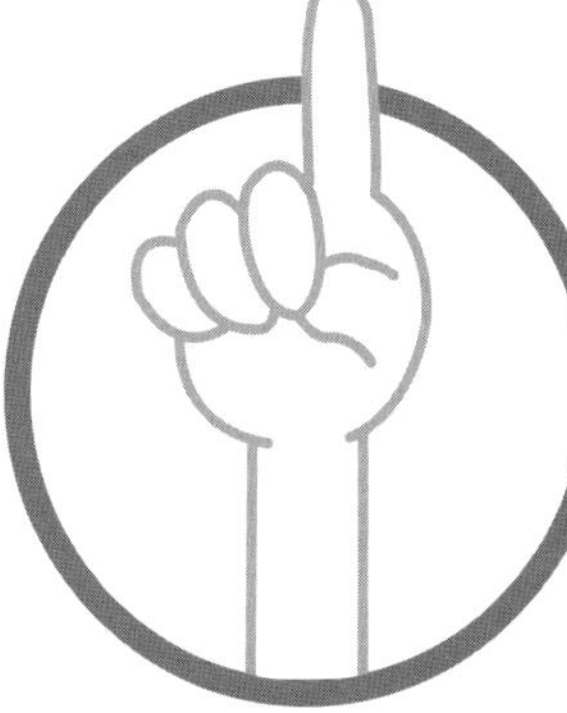

ダイヤモンド社

はじめに

弱者と強者の戦い方は「まったく違う」

この本は主に、以下のような方々に向けて書きました。

◎部下を持つことになった新任リーダー
◎入社10年目を迎えた30代のあなた
◎起業を目指す人
◎2代目経営者
◎売上10億円までの社長（部門長）

なぜなら、本書のテーマであるランチェスター戦略とは、**「弱者が強者に勝つための戦い方のルール、リーダーがメンバーに方向性を指し示すための原理原則」**だからです。

実は、ランチェスター戦略では、弱者と強者の戦い方は「まったく違い」ます。

強者である企業と、弱者である企業の戦い方は180度違うといってもいいのです。

だから、中小企業の社長や小さな部門のリーダーが、MBAに出てくるようなリッパな戦略を学んでも、あまり役に立ちません。

なぜならそれは、強者にだけあてはまる場合が多いからです。

さらに、MBAに出てくるような戦略は難しすぎて、われわれ凡人にはよくわからない……。

そこで、弱者である中小企業には、弱者のための戦略＝ランチェスター戦略を勧めるのです。

もう10年ほど前の話になりますが、私は、業界特化型の人材派遣会社をまったくゼロから立ち上げ、事実上、日本一にしたことがあります。小さいながらも、売上、利益、利益率で日本一の実績をつくったのです。

その後、多くの人から「なぜ、日本一の会社がつくれたのですか?」と質問されました。しかし、そう聞かれてもうまく説明ができない――。

その理由を探し求めて、さまざまな理論、戦略を研究した結果、ようやくたどり着いたのが、【No.1になるための原理原則であるランチェスター戦略】だったのです。ここにその答えがあったのです。

No.1になる方法を一から学べば、今からでもNo.1になることは可能

現在、私は日本に23人しかいないＮＰＯ法人ランチェスター協会の正式認定インストラクターとして、「弱者が強者に勝つランチェスター戦略」の講演や出版活動をしています。つまり、日本一の実績をつくり、日本一の理論を学んではじめて、日本一の経験を体系化することができたのです。

そこでわかったことは、「誰でもNo.1になれる。ただなり方を知らないだけ」というシンプルな答えです。

もちろん、天才的な経営者は、直感的にランチェスター戦略を実践して、No.1企業になっています。

でも、われわれ凡人には、それはできません。しかし、No.1になる方法を一から学べば、今からでもNo.1になることは可能なのです。

No.1企業はランチェスター戦略をやり、ランチェスター戦略をやるとNo.1企業になる。ソフトバンク、Ｈ.Ｉ.Ｓ.、ブリヂストン、パナソニック、ソニー……。No.1企業はみなランチェスター戦略を学んでいます。これは事実です。

ニッチ市場でも市場シェアを高めることで、衰退市場でも生き残れるというランチェスター戦略の考え方は、今の日本に最もあてはまる戦略の一つだといえるでしょう。

ランチェスター戦略は、人生全般にも活かせる万能のルール！

そしてさらに、この本を書いていて、改めて気づいたことがあります。

それは、ランチェスター戦略とはビジネスだけではなく、広く人生全般にも活かせる万能のルール、コツだということです。コツとは物事の大切なポイント、勘所です。体の骨、コツです。シンプルで、わかりやすく、効果が高いルールともいえます。

例えば、ランチェスター戦略の「差別化」は、人と違うことをすること。でも、それは何も奇をてらったことをするのではありません。平凡なことを徹底してやることで、人と差別化ができる――。これは経営でも人生でも共通して使えるルールです。

万有引力の法則のように、われわれ人間の目には見えないけれども、宇宙に存在している絶対的な法則がある。世の中にはそういった原理原則、ルールがあります。

その一つがこの、ランチェスター戦略だといえるのかもしれません。

「あなたがランチェスター戦略を学ばなければ、他の誰かが学んでしまう。その人と対決したらあなたは負ける」

と言った人がいます。

同じように、人生のコツを知って人生を歩む人と、コツを知らずに行き当たりばったりで生きる人とでは、長い人生で大きな差ができます。

あなたには無駄な苦労をしてほしくないのです。仕事でも、人生でもコツを知れば必ずよくなれます。ランチェスター戦略を学んで、あなたの仕事と人生をもっともっとよくしてください。そうなることを心から願っています。

２０１２年６月

坂上仁志

Contents

PART 2 あなたの仕事に活かす！ ランチェスター戦略・基礎編33の原則

Contents

PART 3

あなたの仕事にもっと活かす！ ランチェスター戦略・応用編33の原則

Contents

PART 1

ランチェスター戦略を理解する14の原則

01 ランチェスター戦略とは、弱者が強者に勝つためのルール

ランチェスター戦略とは、ひと言で言うと弱者が強者に勝つための戦い方のルールです。

ランチェスター戦略は、**①ランチェスター法則**と**②ランチェスター戦略方程式**の2つの考え方から、故田岡信夫氏が体系化した経営活動における販売戦略・競争戦略のことです。

ランチェスター戦略のもとになったランチェスター法則とは、1868年ロンドン生まれのエンジニア、フレドリック・W・ランチェスターが、第一次世界大戦の時に導き出した戦い方の法則です。**「戦闘力は、兵力の質と量の積」**で表されます。それが、第二次世界大戦の際に、ランチェスター戦略方程式として進化発展しました。つまり、ランチェスター戦略とは、戦争における戦い方の法則をビジネスに応用したものです。市場原理に基づいた競争に、企業がどう戦ってゆけばよいのかを示す、戦い方のルールです。

将棋や囲碁に勝つための定石があるように、経営にも目に見えない勝つための法則、原理原則があるのです。

ランチェスター戦略は弱者が強者に勝つためのルール

弱者が強者に勝つための戦い方のルール

ランチェスター戦略 ＝

① ランチェスター法則 ＋ ② ランチェスター戦略方程式

①フレドリック・W・ランチェスターが導き出した「質 × 量」で表される戦争における戦闘法則

②第２次大戦の際にランチェスター法則から進化発展したもの

フレドリック・W・ランチェスター

(1868 ～ 1946 年)

ロンドン生まれ。自動車工学・航空工学のエンジニア。英国初のガソリン自動車エンジンを開発。そのかたわら飛行機の研究も行い、飛行機の浮力理論の基礎をつくる。飛行機が初めて戦争で使われた第１次大戦のとき、戦闘機の数とその性能が敵に与える損害量を決めるという２つの軍事法則を発見。これが「ランチェスター法則」となる。

田岡信夫

(1927 ～ 1984 年)

日本における経営コンサルタントの草分け的な存在。第２次大戦後に軍事法則である「ランチェスター法則」を知り、これを経営や販売、マーケティングの領域に応用できるのではないかと考え、「ランチェスター戦略」として体系化。多くの大企業や中小企業が導入し、成果をあげる。

02 ランチェスター第一法則は、弱者の戦略

ランチェスター法則は、とてもシンプルです。

たった2つの項目（質と量）により、たった2つの法則（第一法則と第二法則）でできています。この第一法則と第二法則は、まったく逆の状況を仮定しています。

ランチェスター第一法則は、局地戦、接近戦、一騎打ち（1対1の戦い）の場合に当てはまる戦闘力の法則です。互いに刀を持って戦うような、局地で接近して一騎打ちをする場合は、戦闘力＝武器効率（質）×兵力数（量）となります。

左図のようにA軍（5名）とB軍（3名）が戦った場合、互いに武器効率（質）が同じなら、戦闘力は兵力数（量）に比例するので、A軍（5名）が5－3＝2名を残して勝ちます。結論として、兵力数が多いほうが勝つことになります。もし兵力数が少ないほうが勝ちたいなら、武器効率（質）を相手よりも上げて、戦闘力をアップする必要があります。

ランチェスター第一法則は弱者の戦略

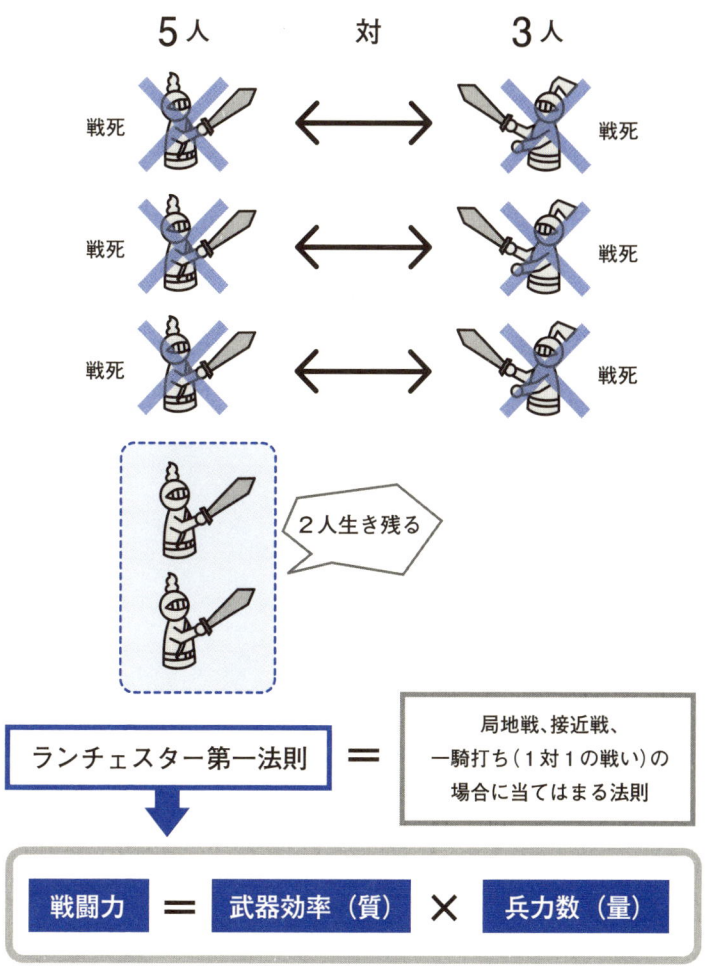

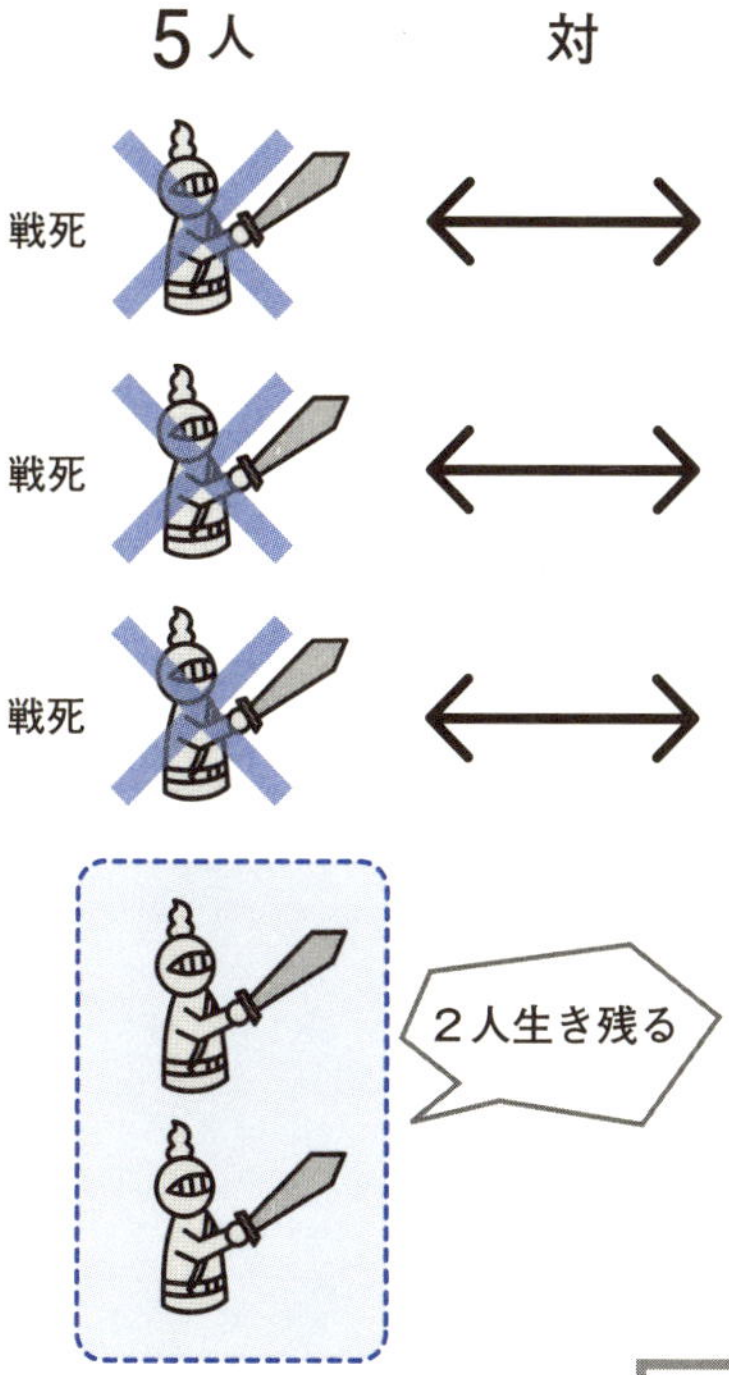

ランチェスター第一法則 ＝ 局地戦、接近戦、一騎打ち（1対1の戦い）の場合に当てはまる法則

↓

戦闘力 ＝ 武器効率（質） × 兵力数（量）

03 ランチェスター第二法則は、強者の戦略

ランチェスター第二法則とは、広域戦、遠隔戦、確率戦（集団対集団の戦い）の場合に当てはまる戦闘力の法則です。つまり、互いにマシンガンやミサイルを持って戦うような、広域で、遠隔地で、多人数同士で戦う場合では、

戦闘力＝武器効率（質）×兵力数（量）の二乗となります。

先ほどと同じA軍（5名）・B軍（3名）で、マシンガンの武器効率（質）が同じなら、戦闘力は兵力数（量）の二乗に比例するのでA軍（5名）が5－1＝4名を残して勝ちます。計算式は左図を参照ください。ここでも結論として兵力数が多いほうが勝つ、それも数が多いほうが圧倒的に勝つことになります。

つまり、数が少ないほうは、ランチェスター第二法則が適用される、広域戦、遠隔戦、確率戦（集団体集団の戦い）では戦ってはならないのです。なぜなら、戦えばコテンパンにやられてしまうからです。

ランチェスター第二法則は強者の戦略

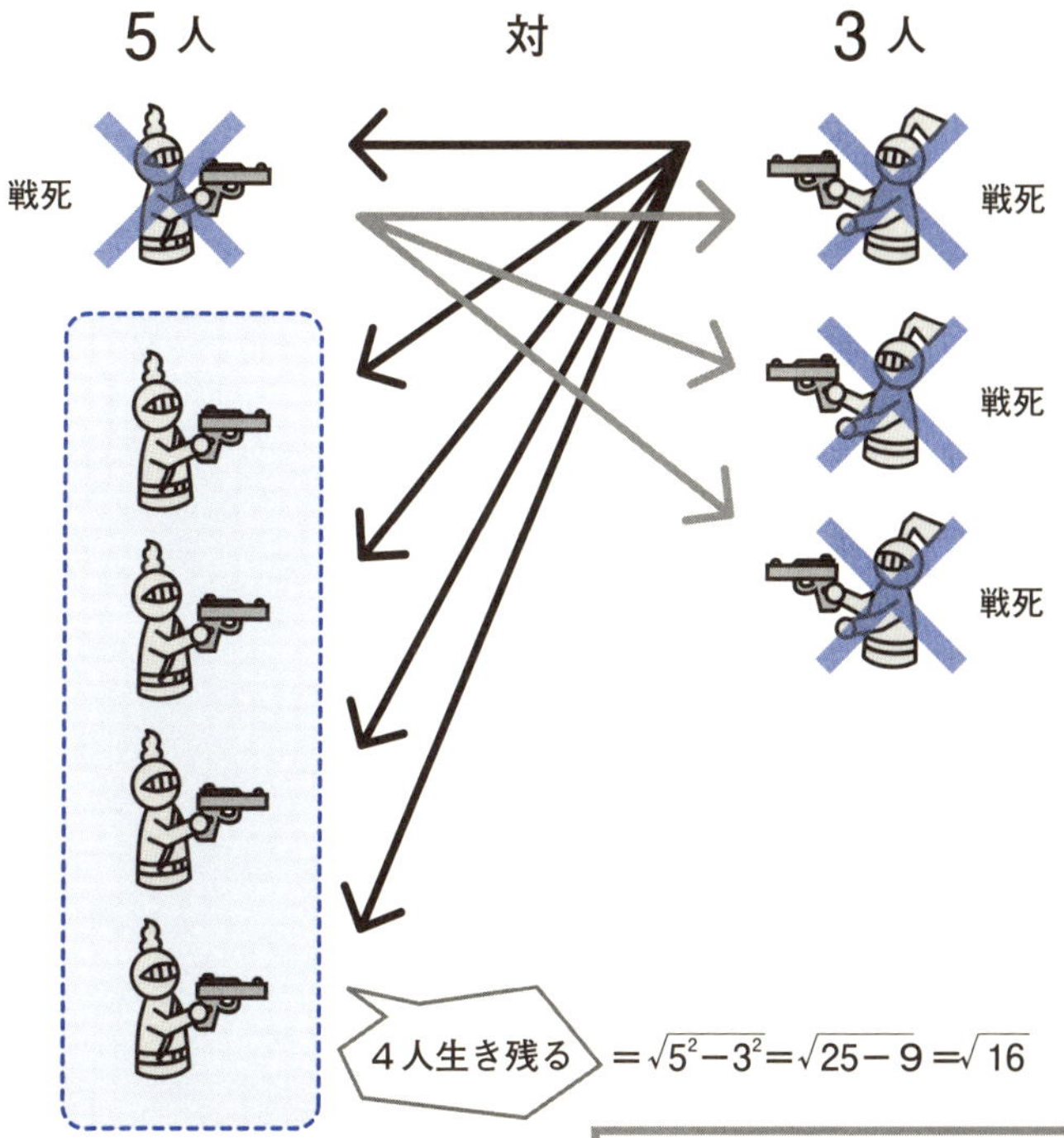
5人
対
3人
戦死
戦死
戦死
戦死
4人生き残る
$=\sqrt{5^2-3^2}=\sqrt{25-9}=\sqrt{16}$

ランチェスター第二法則 ＝ 広域戦、遠隔戦、確率戦（集団対集団の戦い）の場合に当てはまる法則

↓

戦闘力 ＝ 武器効率（質）× 兵力数（量）の二乗

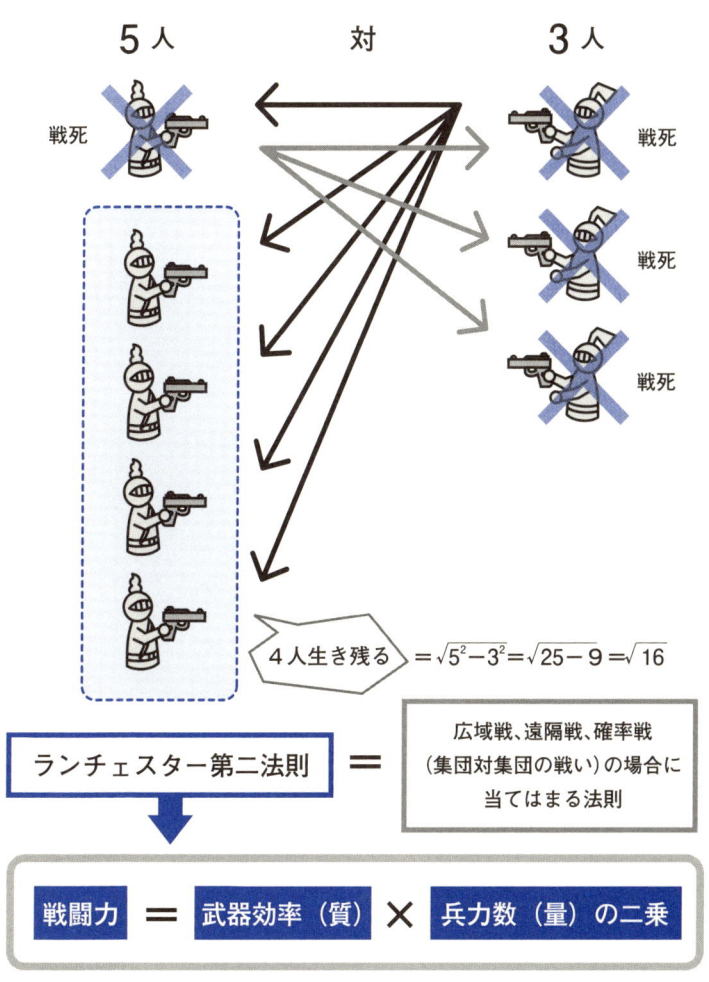

04 ランチェスター法則に学ぶ！3つの戦い方のセオリー

ここまでお話しした、ランチェスター第一法則、第二法則からわかることは、以下です。

①数の多いほうが常に有利、数の少ない方は常に不利、勝負は力関係で決まる。
②数が少ないほうは、第一法則に従った戦い方をすること。
③数の多いほうは、第二法則に従った戦い方をすること。

ランチェスター第一法則は、局地戦、接近戦、一騎打ちの場合、つまり、狭い、近い、1対1の戦いに当てはまり、弱者の戦い方であるということです。

ランチェスター第二法則は、広域戦、遠隔戦、確率戦の場合、つまり、広い、遠い、集団対集団の戦いに当てはまり、強者の戦いであるということです。

ここで大切なことは、ランチェスター第二法則が適用される広域戦、遠隔戦、確率戦の場合は、兵力数が二乗になるので数の多いほうが圧倒的に有利になってしまうので、弱者は第二法則で戦ってはならない、第一法則で戦う、ということです。

ランチェスター法則に学ぶ3つの戦い方のセオリー

	A軍	B軍
武器効率	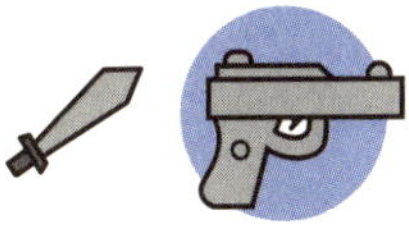	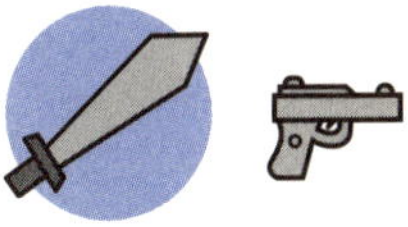
兵力数		
戦い方のルール	第二法則 (集団対集団の戦い)	第一法則 (一対一の戦い)
戦う場所 戦い方 (適用される状況)	広域戦 遠隔戦 確率戦	局地戦 接近戦 一騎打ち

セオリー❶	戦いは常に数が多いほうが有利
セオリー❷	数が少ないほうは第一法則に従った戦い方をする
セオリー❸	数が多いほうは第二法則に従った戦い方をする

05 大企業＝強者、小さい会社＝弱者というわけではない

ふつうは大きな会社が強者、小さな会社が弱者と考えますが、ランチェスター戦略では違います。

強者とは、企業同士が競合する局面において、市場占拠率（シェア）1位の企業のこと。弱者とは、同じ競合する局面において、市場占拠率1位以外のすべての企業のことです。つまり、ランチェスター戦略では、**競合局面における市場占拠率によって、強者と弱者を区別する**のです。

競合局面とは、①地域（どこの）、②顧客（だれに）、③商品（何を）、④流通（どう）、という4つの視点です。このように細分化した切り口（視点）で考えることが大切です。

たとえば、ある地域のシェアだけで見れば、小さな会社が1位（強者）で、大企業が2位（弱者）の場合もあります。企業規模の大小だけが重要ではない。ここが、ランチェスター戦略が中小企業に勇気を与えてくれるところです。

ランチェスター戦略における弱者と強者の定義とは

強者とは、競合局面において市場占拠率1位の企業

弱者とは、競合局面において市場占拠率1位以外の企業

競合局面とは、①地域（どこの）、②顧客（だれに）、③商品（何を）、④流通（どう）という視点

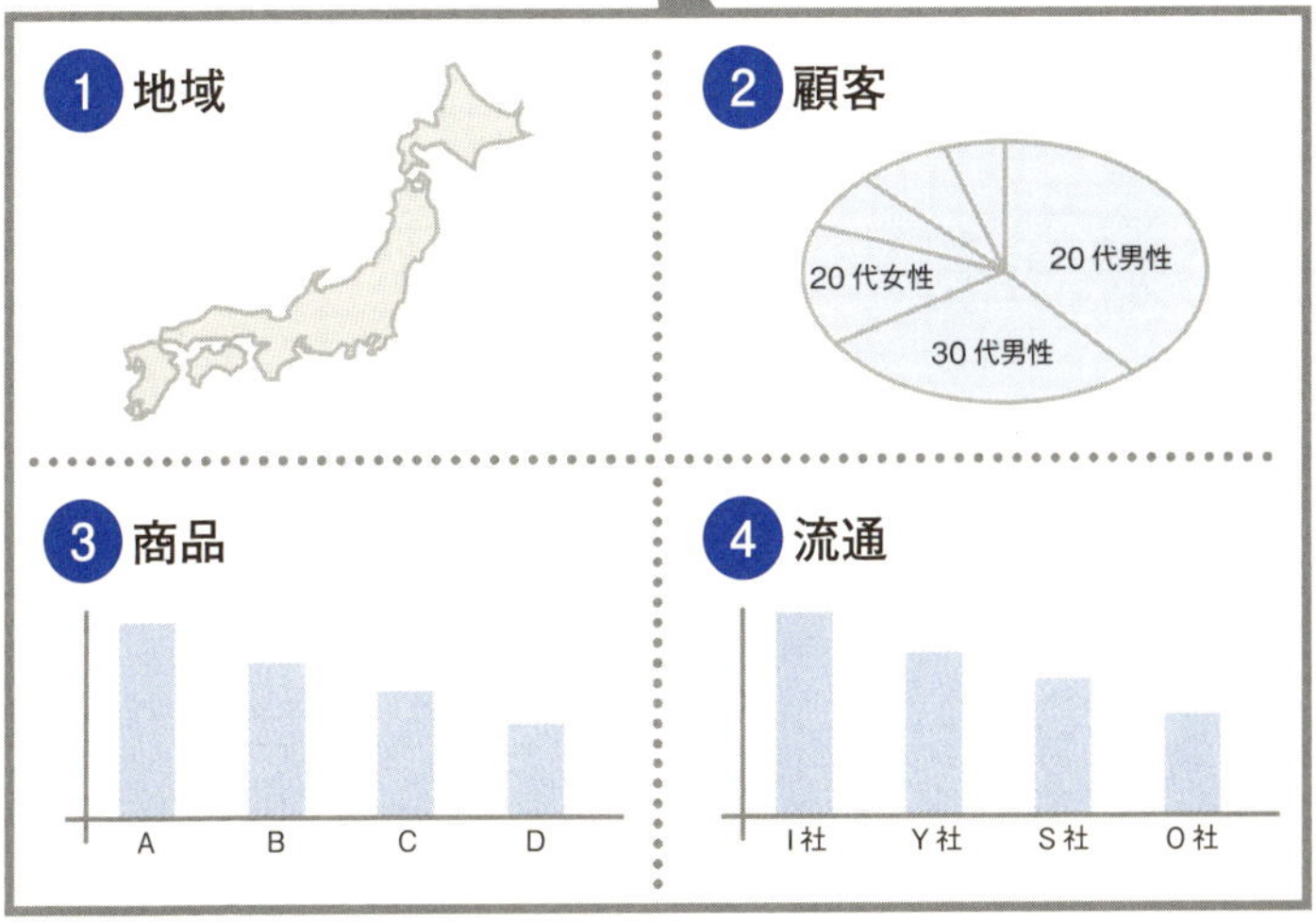

❶〜❹のどれかで1位でなければ、弱者となる。

06 弱者と強者では戦い方がまったく違う！弱者と強者の5大戦法をチェック

ランチェスター戦略に従えば、弱者（2位以下）と強者（1位）では戦い方が、まったく180度違うことになります。そして、それぞれの基本戦略はこれです。

弱者の基本戦略は、【差別化】戦略＝強者とは違う差別化した戦略をとること。

強者の基本戦略は、【ミート】戦略＝弱者の戦略に合わせて同じことをすることです。

弱者も強者もそれぞれ、この基本戦略をベースとして、次の5大戦法があります。

弱者は、①局地戦、②接近戦、③一騎打ち、④一点集中、⑤陽動戦。

強者は、①広域戦、②遠隔戦、③確率戦、④総合戦、⑤誘導戦となります。

中小企業の90％以上は弱者（2位以下）でしょう。ですから、ランチェスター第一法則に従って【差別化】戦略をしたうえで、①局地戦、②接近戦、③一騎打ち、④一点集中、⑤陽動戦の戦法をとることです。ランチェスター第二法則が適用される広域戦で戦うと、戦闘力が兵力数の二乗に比例するので大きな損害を受けることになってしまうからです。

弱者と強者の5つの戦法

	弱者の基本戦略（差別化）第一法則	強者の基本戦略（ミート作戦）第二法則
1 市場・地域視点	局地戦	広域戦
2 顧客視点	接近戦	遠隔戦
3 競合視点	一騎打ち	確率戦
4 主義の視点	一点集中	総合戦
5 作戦の立て方	陽動戦	誘導戦

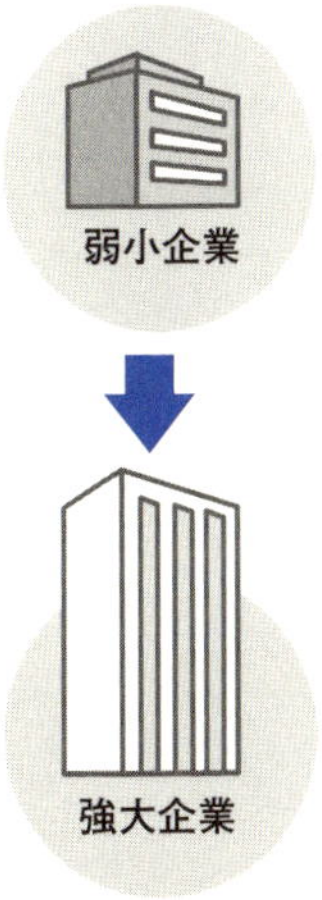

差別化戦略

弱者の基本戦略で強者とは違う戦略をとること

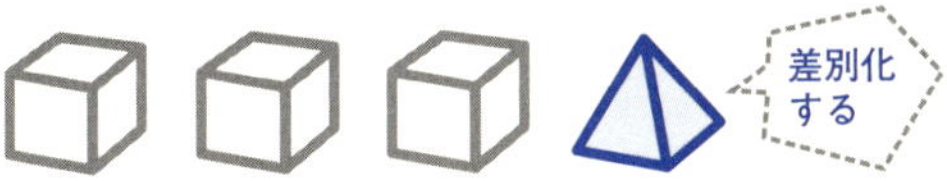

ミート戦略

強者の基本戦略で弱者の戦略に合わせて同じことをすること

07 弱者の基本戦略は、他と差別化すること

差別化の視点は、マーケティングの4P＋サービス＋地域の6つあります。

①製品（Product）＝1つの商品に機能を足す、引く、分けるなど
②価格（Price）＝3つ買うと1つ無料！（お土産屋さんでよくあります）
③流通（Place）＝直接販売と間接販売、Webの組み合わせを工夫する
④プロモーション（Promotion）＝販売促進のメッセージの工夫（わが社だけです）
⑤サービス＝アフターサービスをつける、メンテナンス無料など
⑥地域＝半径30分以内の地域だけ対応（○○町を担当しています）

弱者が差別化をする時には、これらを組み合わせてください。他社より価格を1円安くしただけでは差別化になりません。できたら3つ以上組み合わせることです。

たとえば、製品を2つ組み合わせて、価格を少し安くして、アフターサービスをつけたものを、地域限定、期間限定で売るというような組み合わせの差別化戦略です。

差別化の視点は4P＋サービス+地域の6つ

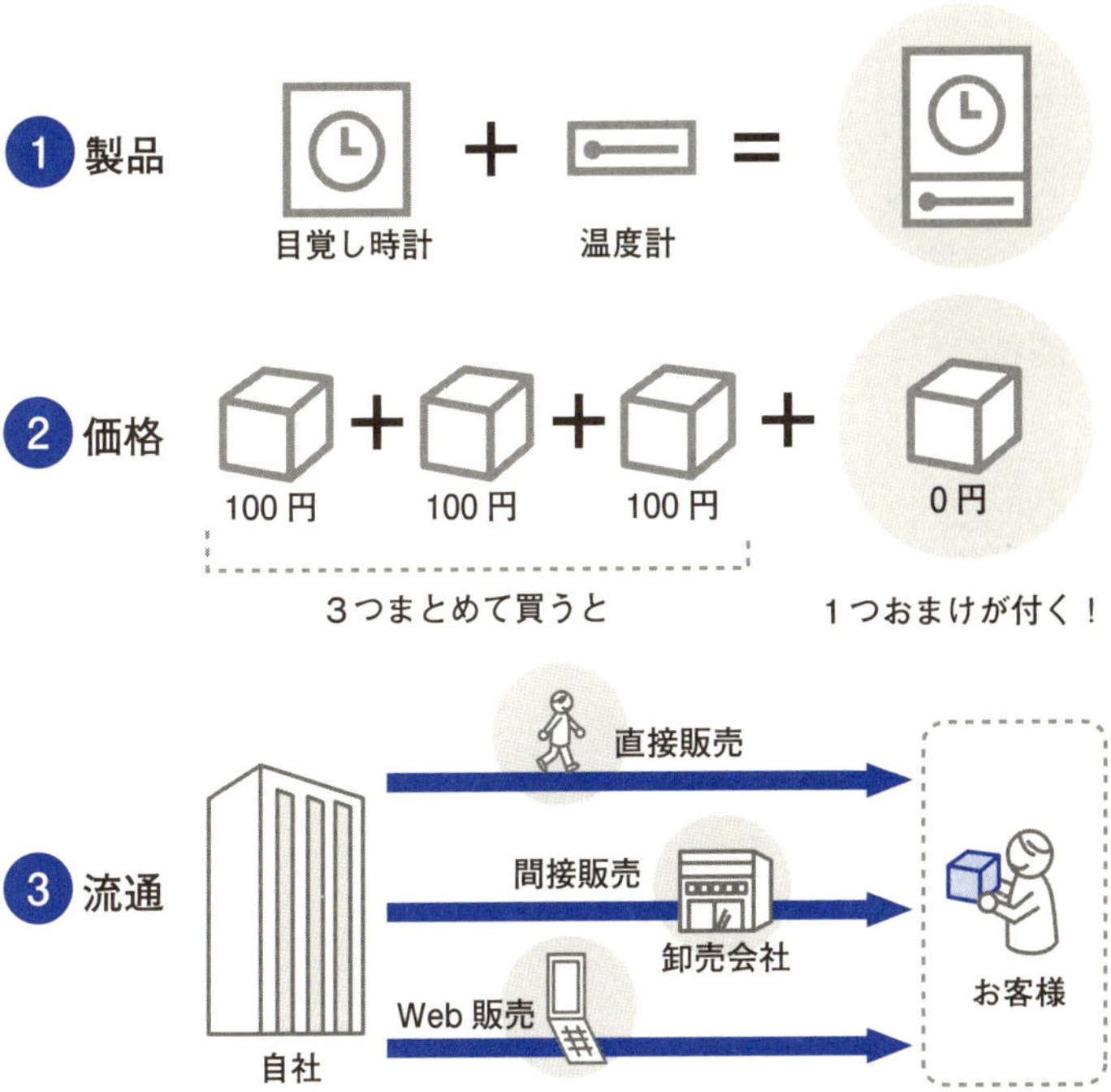

4 プロモーション　5 サービス　6 地域

❶〜❻の6つの視点から、
いくつかを組み合わせて差別化を図ろう。

08 ランチェスター戦略方程式の重要な比率は2：1

第二次大戦時につくられたランチェスター戦略方程式のポイントは、ランチェスター法則の武器効率（質）の部分にあたる戦闘力を「戦略力」と「戦術力」に分けたことです。「戦略」とは目に見えないもの、全体計画であり、「戦術」とは目に見えるもの、具体的な武器、作業のことです。そして、最小の損害量で最大の成果をあげるためには、

戦略力：戦術力＝2：1

が最適であると結論づけました。戦略の比率は戦術の比率の倍なので、どんなにいい戦術（武器）を持っていても、戦略が間違っていると成果があがらないということになります。たとえば、釣りをする時に、どんなにいい竿（武器）を持っていても、計画（＝戦略）を間違えて魚のいない場所（時間）を選べば魚が釣れないのと同じです。

このランチェスター戦略方程式をビジネスに活かし、市場競争力の視点から、「市場占拠率（シェア）の目標数値の設定」という考え方が生まれたのです。

ランチェスター戦略方程式の重要な比率は2：1

King

Queen

戦力 ＝ 戦略 ＋ 戦術

戦略：目に見えない全体の計画

戦術：目に見える具体的な作業、武器など

戦力 ＝ 戦略力 ＋ 戦術力

戦略力：戦術力 ＝ 2：1

どんなにいい戦術（武器）を持っていても、
戦略が間違っていたら成果はあげられない。

09 市場占拠率の目安は73・9％、41・7％、26・1％の3パターン

前ページのランチェスター戦略方程式から市場占拠率が導き出されます。

その中で、ポイントとなる3つの数字がこれです。

①73・9％＝上限目標値＝圧倒的No.1、2位が逆転不可能なシェア
②41・7％＝安定目標値＝ほぼ一人勝ち、ホンモノのNo.1の目標値
③26・1％＝下限目標値＝強者の最低条件、当面のNo.1目標値

この3つの数字を正確に覚えるのは大変なので、カンタンに覚える方法があります。

それは、①が3／4の約75％、②が40％、③が1／4の25％と大ざっぱに覚えることです。イメージでいうと、①が時計の9時、②が時計の5時、③が時計の3時となります。

つまり、シェアを円グラフで書くと、はじめの目標は時計の3時＝25％、次の目標が時計の5時＝40％、最後の目標が時計の9時＝75％と覚えておいてください。

まずは、小さな市場、小さな商品など小さなところから積み上げていってください。

ランチェスター戦略方程式を理解する3つの数字

① 75.0%

73.9%＝ 上限目標値
＝圧倒的 No.1、２位が逆転不可能なシェア

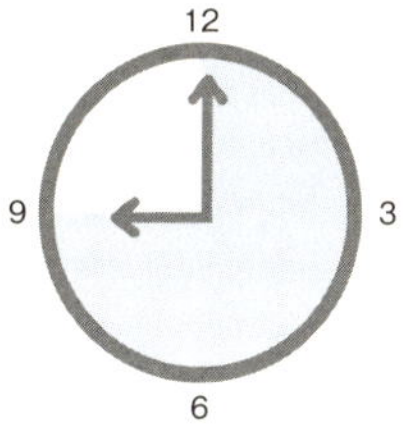

② 40.0%

41.7%＝ 安定目標値
＝ほぼ一人勝ち、ホンモノの No.1 の目標値

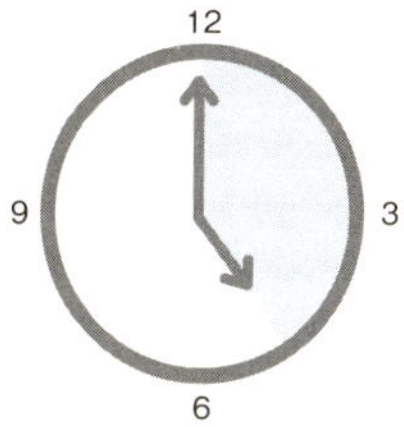

③ 25.0%

26.1%＝ 下限目標値
＝強者の最低条件、当面の No.1 目標値

10 射程距離＝3：1の原則は、逆転が困難な比率

ランチェスター戦略の重要な考え方の一つに、この射程距離理論があります。

前ページの図をもう一度見てください。1位が①73・9％（上限目標値）と圧倒的No.1になると、2位は③26・1％（下限目標値）までしかシェアがとれません。時計でいうと、1位が9時（3／4）までシェアをとると、2位は3時（1／4）までしかとれない。この比率が3：1となります。だから相手との力の差が3：1になると逆転は困難であるということを表しています。

射程距離理論は、ランチェスター法則の2つの場合と同じく局地戦と広域戦があり、

①局地戦＝狭い範囲（エリア）、単品、小さい市場でのシェアでは【3倍】

②広域戦＝広い範囲（エリア）、全商品、全国市場でのシェアでは【1・7倍】

が適用されます（広域では二乗法則が適用されるので$\sqrt{3}$＝1・7となります）。

局地戦では3倍と覚えておくといいと思います。

射程距離＝3：1の原則

1 局地戦＝3倍

狭いエリア、単品、小さい市場でのシェア

2 広域戦＝1.7倍

広いエリア、全商品、全国市場でのシェア

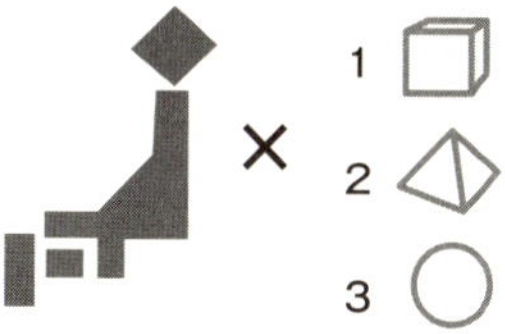

局地戦

3：1の比率だと逆転困難！

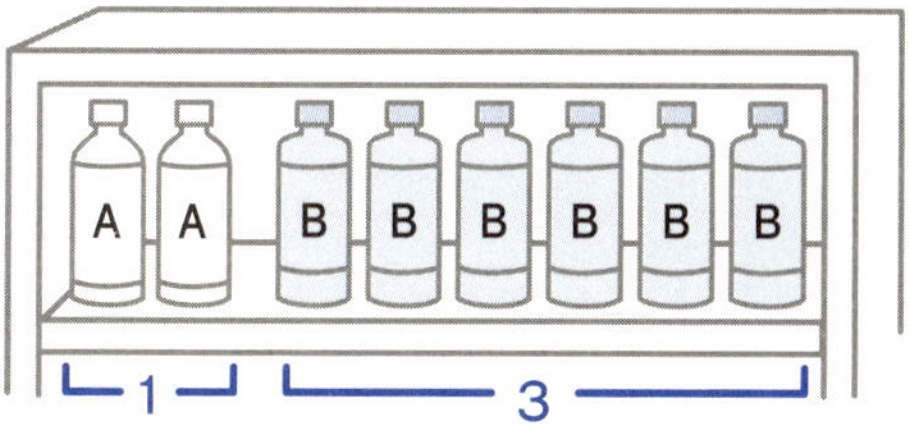

広域戦

広域では二乗法則が適用されるので
√3：1、およそ1.7倍の差で逆転困難に！

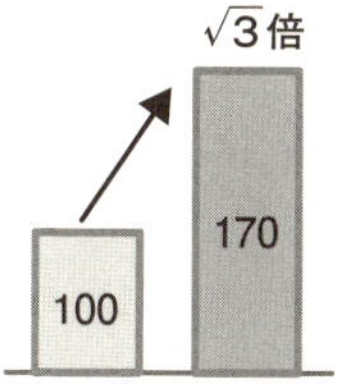

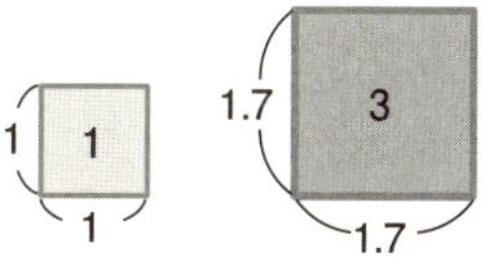

1辺で1.7倍の差になると、
面積が3倍の差となる

11 ランチェスター戦略3つの結論、1位とNo.1の違い

ランチェスター戦略における重要な結論が3つあります。

①ナンバーワン（No.1）主義
②足下《そっか》の敵攻撃の原則
③一点集中主義

ランチェスター戦略では、No.1の意味が一般的な使い方とは違います。普通、No.1と1位は同じ意味で使いますが、ランチェスター戦略では、No.1とは2位を射程距離圏外に引き離しているダントツの1位のことです。2位より売上が10円だけ多いというような、なんちゃって1位ではランチェスター戦略ではNo.1とはいえないのです。

ランチェスター戦略では、目指すものがNo.1。つまり、2位に局地戦では3倍の差をつけて、圧倒的に勝つダントツの1位を目指すのです。ここが最も大切なところの一つになります。

ランチェスター戦略3つの結論

1 ナンバーワン（No.1）主義

2位を射程距離圏外に
引き離している
ダントツの1位のこと

ダントツだ
GOAL!

2 足下《そっか》の敵攻撃の原則

実際の戦いでは
足下の敵を叩くこと

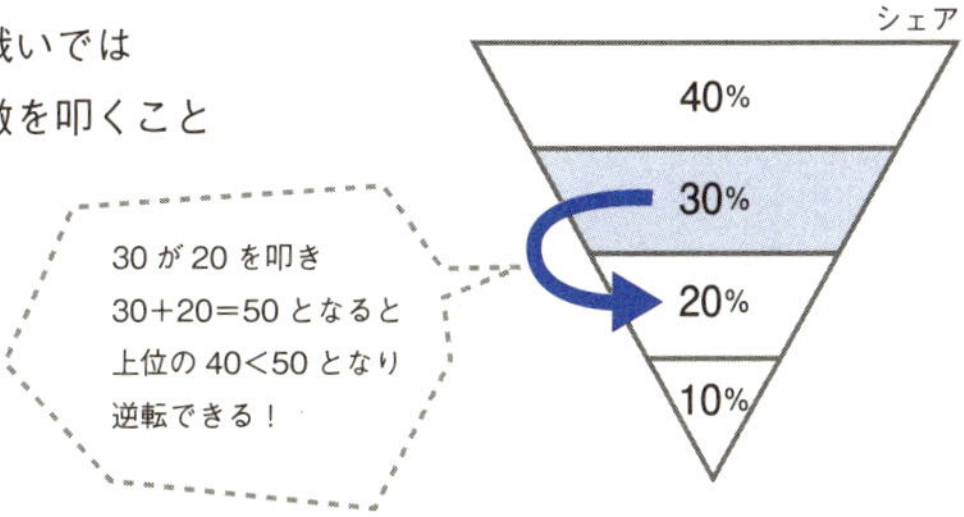
シェア
40%
30%
20%
10%
30が20を叩き
30+20=50となると
上位の40<50となり
逆転できる！

3 一点集中主義

戦う場所を
「狭くする」「絞り込む」こと。
そのうえでその場所に
一点集中する

12 ナンバーワンにならないと生き残れない

前のページで紹介したランチェスター戦略の3つの結論の中でも、もっとも重要な項目、1番目の項目が**ナンバーワン（No.1）主義**です。

まやかしの1位ではなくホンモノの1位＝No.1とは、市場シェアが41・7％＝安定目標値＝ほぼ一人勝ちの状態であり、局地戦では3倍、広域戦では1・7倍のシェア差を2位とつけているようなダントツの状態を指します。

また、弱者がNo.1になるには、なりやすい順序というものがあります。それは①エリア②顧客③商品の順です。例えば、セルシオをゼロから作るより、その商品を限られたエリアで販売してNo.1になるほうがやさしいと思いませんか？　それがつまり、No.1になるには、商品よりエリアでなるほうが簡単ということです。

ビジネスではNo.1以外は生き残れません。だからいきなり大きな範囲を狙わずに、小さなエリア、小さな商品、何でもいいから小さなNo.1を積み重ねることです。

ランチェスター戦略の最大の結論＝No.1主義

1位とNo.1は、大きく違う！

No.1とは、市場シェア41.7％以上の状態のこと。
1位でかつ、2位を3倍（局地）引き離している
（$\sqrt{3}$倍＝広域）

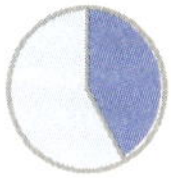

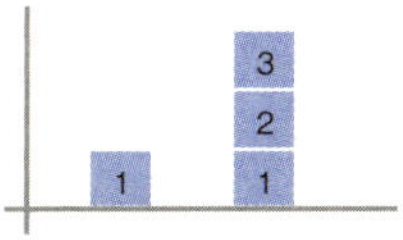

局地戦なら2位に
3倍以上の差をつけること

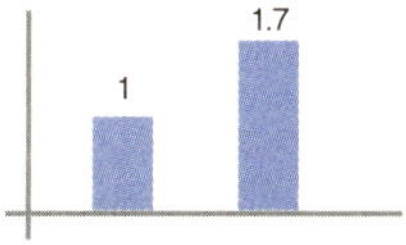

広域戦なら1.7倍以上の
差をつけること

弱者がNo.1になるために、
比較的容易なのは、次の順番。

❶ある地域（エリア）で
No.1に

↓

❷ある顧客層でNo.1に

↓

❸ある商品の中でNo.1に

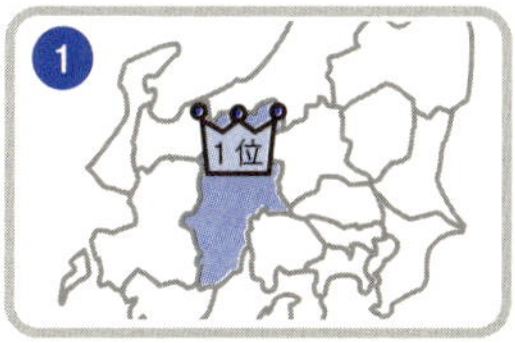

13 競争目標と攻撃目標を分ける（足下の敵攻撃の原則）

№1になるための方法が、この「競争目標と攻撃目標を分ける」です。弱者が強者に勝つための大切な考え方です。競争目標と攻撃目標とはどんなものかというと、

①競争目標＝自分より上位の相手→戦い方は差別化戦略（違うことをする）
②攻撃目標＝自分より下位の相手→戦い方はミート戦略（同じことをする、合わせる）

となります。

このことをカンタンに言うと、「勝ちやすきに勝つ」ということです。強者に戦いをのぞまない。負ける戦いをしない。強い相手からは逃げるということです。「怖気づくな、正面突破せよ！」というのは勇ましいのですが、強い相手とむやみに戦えば、負ける可能性が高いのです。戦い方を間違えれば、優秀な人材が豊富な大企業の子会社でさえも、赤字になったりします。その理由は、競争目標と攻撃目標が混ぜこぜになったまま、無計画に思いつきで経営をするためです。「えいやーっ」だけではうまくいきません。

競争目標と攻撃目標を分ける

① 競争目標

＝

自分より上位の相手

↓

戦い方は差別化戦略
（違うことをする）

② 攻撃目標

＝

自分より下位の相手

↓

戦い方はミート戦略
（同じことをする、合わせる）

**！ 足下の敵攻撃の原則は、「勝ちやすきに勝つ」こと。
強者には戦いをのぞまないこと。**

14 一点集中主義でいく

競争に勝つには選択と集中が大切です。どこを選択するかというと、当面の攻撃目標です。**攻撃目標を1つに絞り、そこに力を一点集中させる**ことです。攻撃目標は①どこ（地域）、②だれ（顧客）、③なに（商品）の3つの視点があります。

特にいいことに一点集中してください。**いい地域、いい顧客、いい商品に一点集中して成果を出す**ことです。「他社の3倍やる」ことを目標にしてください。

弱者に限って手を広げたがるものですが、弱者は手を広げないことが大切です。あれもこれもやりたくなる誘惑に負けないことです。力を分散させればどうしても力が弱くなります。同じ経営資源が有効に活用されません。

一点集中するとは、「やらないことを決める」ことです。「小さくする」「絞り込む」ことです。営業範囲を広げない、小さく、狭く、いいエリアに絞り込むことです。いい顧客にいい商品だけを提供すると、いい結果が出ると覚えておいてください。

一点集中主義でいく

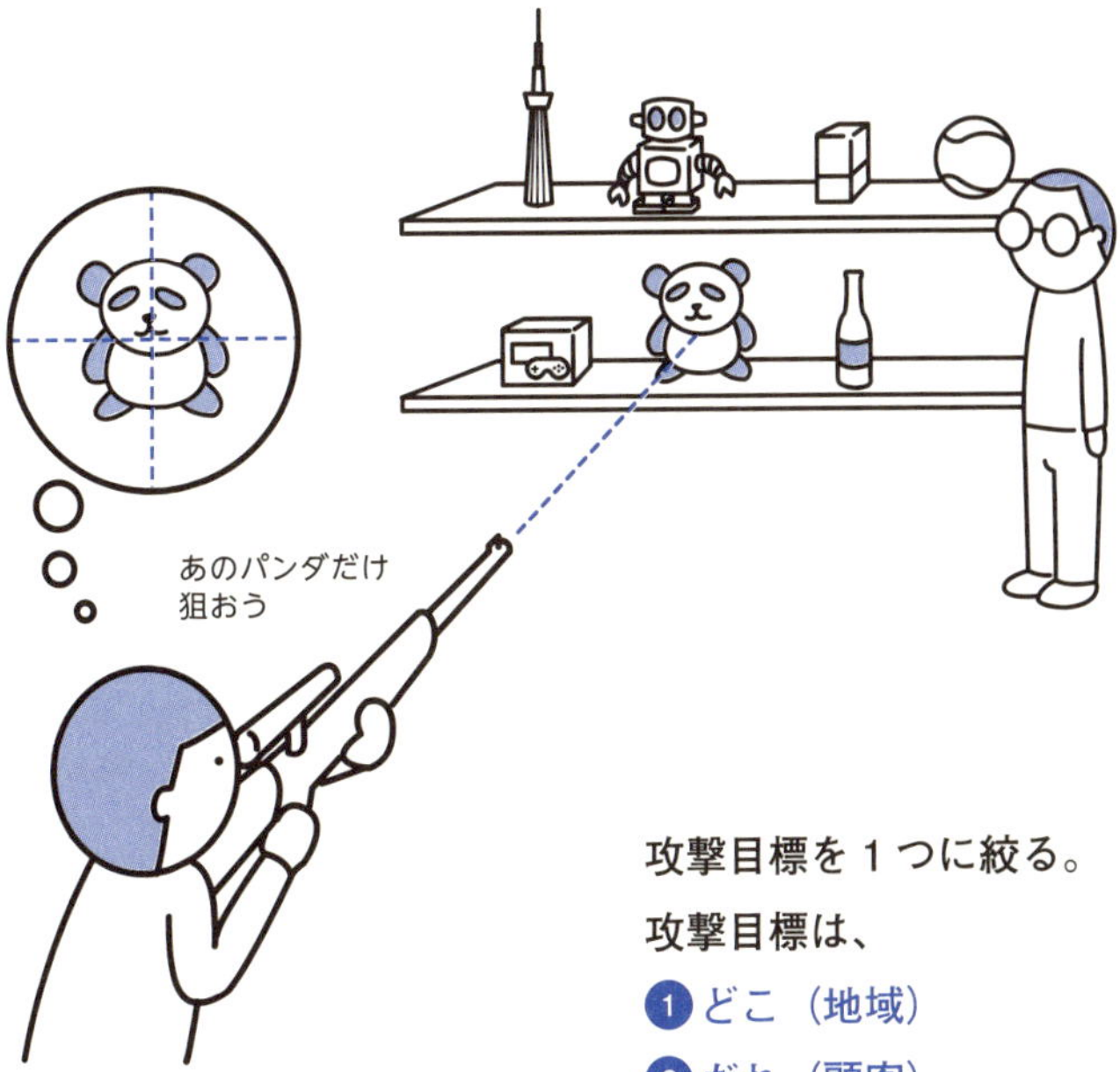

攻撃目標を1つに絞る。
攻撃目標は、
❶どこ（地域）
❷だれ（顧客）
❸なに（商品）
の3つの視点がある。

一点集中するとは、「やらないことを決める」こと。他社の3倍やることを目標にする。

PART 2

あなたの仕事に活かす！ランチェスター戦略・基礎編33の原則

15 ランチェスター戦略を知っているかどうかが企業の生死を分ける

万有引力の法則が目に見えないように、ランチェスター戦略も目に見えません。しかし、仕事をすれば否応なく、あなたが好むと好まざるとにかかわらず、ランチェスター戦略はあなたを支配しています。ちょうど万有引力の法則があなたを支配しているのと同じです。

ビジネスをしていれば必ず、1位の企業とそれ以外の企業が結果として出てきます。1位でなければ意味がないのか？　そうではありません。それぞれの企業には意味はあります。しかし、1位以外は生き残れないのです。日本電産の永守社長は「1位以外はビリと一緒」、リクルートの江副浩正元会長は「1位以外は死を意味する」といいました。

ビジネス社会では競争せざるを得ない。その時に弱者でも強者に勝つ競争戦略＝ランチェスター戦略を知っているかどうかが、企業の生死を分けるのです。ビジネスパーソンとても同じです。競争の仕方を知らなければコテンパンにやられます。そうなってうれしいはずがない。だから、あなたもランチェスター戦略を知る必要があるのです。

1位以外はビリと一緒

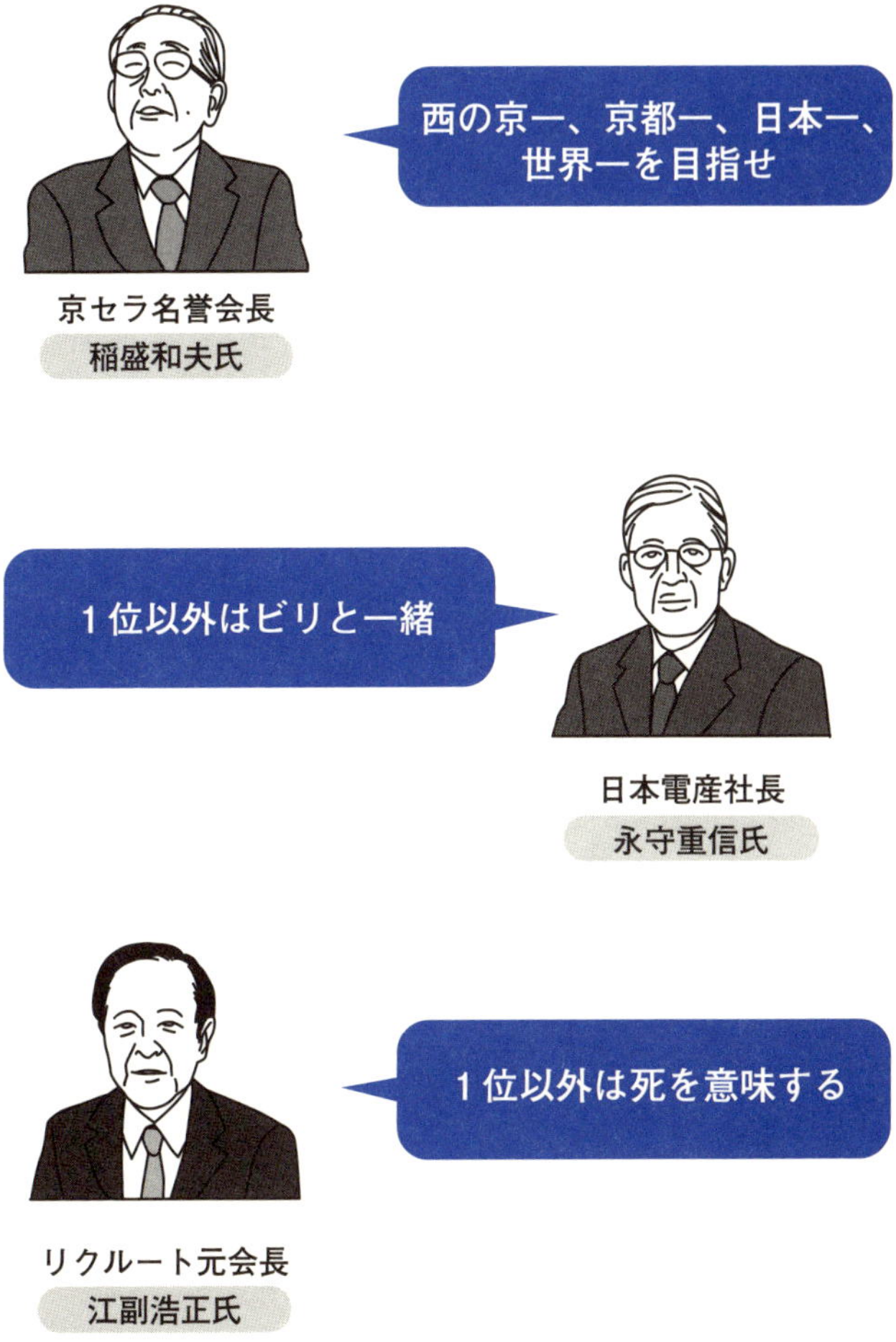
西の京一、京都一、日本一、世界一を目指せ
京セラ名誉会長
稲盛和夫氏
1位以外はビリと一緒
日本電産社長
永守重信氏
1位以外は死を意味する
リクルート元会長
江副浩正氏

16 ランチェスター戦略の基本は、①差別化、②一点集中、③No.1（ナンバーワン）

ランチェスター戦略の3つの結論は、No.1主義、足下の敵攻撃の原則、一点集中主義でした。ランチェスター第一法則、第二法則、弱者と強者の5大戦法、3：1、1・7：1、差別化……といろいろ覚えようとすると、さらにわからなくなっちゃう人がいます。

なので、この本ではわかりやすくランチェスター戦略をお話しするためにポイントを3つだけに絞りました。

それは**【①差別化、②一点集中、③No.1（ナンバーワン）】**です。

ここからは、なぜ差別化をするのか？　差別化をしないとどうなるのか？

どうやって一点集中するのか？　一点集中するとどういいのか？

No.1の事例は、どんなものがあるのか？などについて、なるべく身近なたとえを使って、わかりやすくお話ししていきたいと思います。シンプルに、弱者は【差別化】して、【一点集中】して、【No.1！】と覚えてください。

①差別化　②一点集中　③ No.1 をめざす！

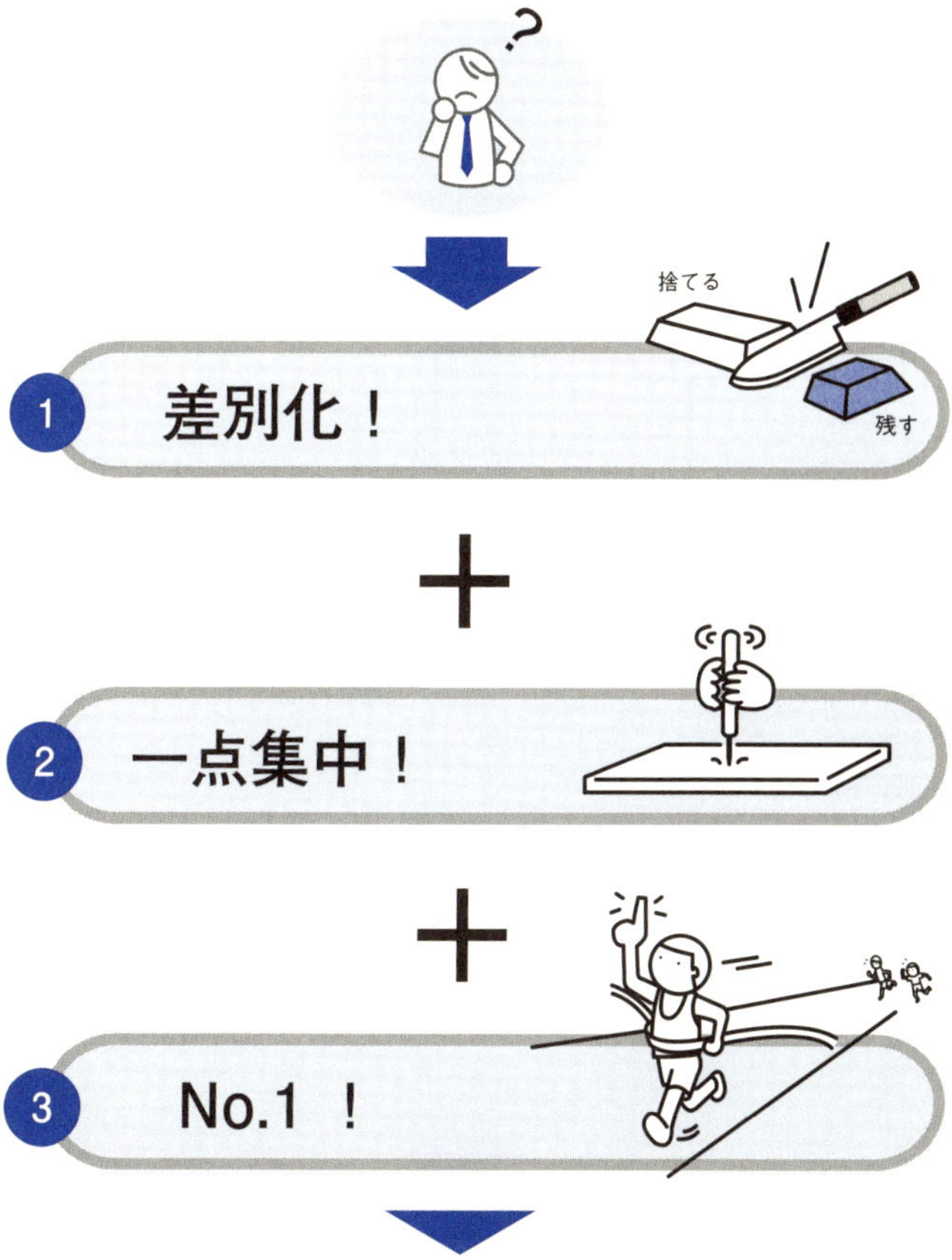

この3つを頭に叩き込もう！

17 生き残るためには差別化が必須

なぜ、差別化が必要なのか？　その理由を、ひと言で言うと**「お客様に選んでもらうため」**です。ビジネスでは、自社が選ばれなければ生き残れません。でも、人と同じことをしていたら同じ結果しか得られないのです。だから、**お客様に選んでいただくためには、他社より秀でたもの、差別化されたものが必要となる**のです。

あなたがお客様になった時のことを考えてみてください。お客様、つまりあなたには選択の自由があります。何を選んでもいい。例えば、デパ地下でお菓子を選ぶ時には誰にも強制されずに、勝手に自由に選びます。その時、大福の中に〝いちご〟が入っているのを初めて見たら、「おっ、おもしろい」と思うでしょう。

なぜか？　それは他と違うからです。差別化されているからです。だから、自分がお客の側から一転して、逆にお菓子を作る側になった時には、他と違うものでないと選ばれないことを意識しないといけないのです。それが差別化の本質です。

生き残るためには差別化が必須

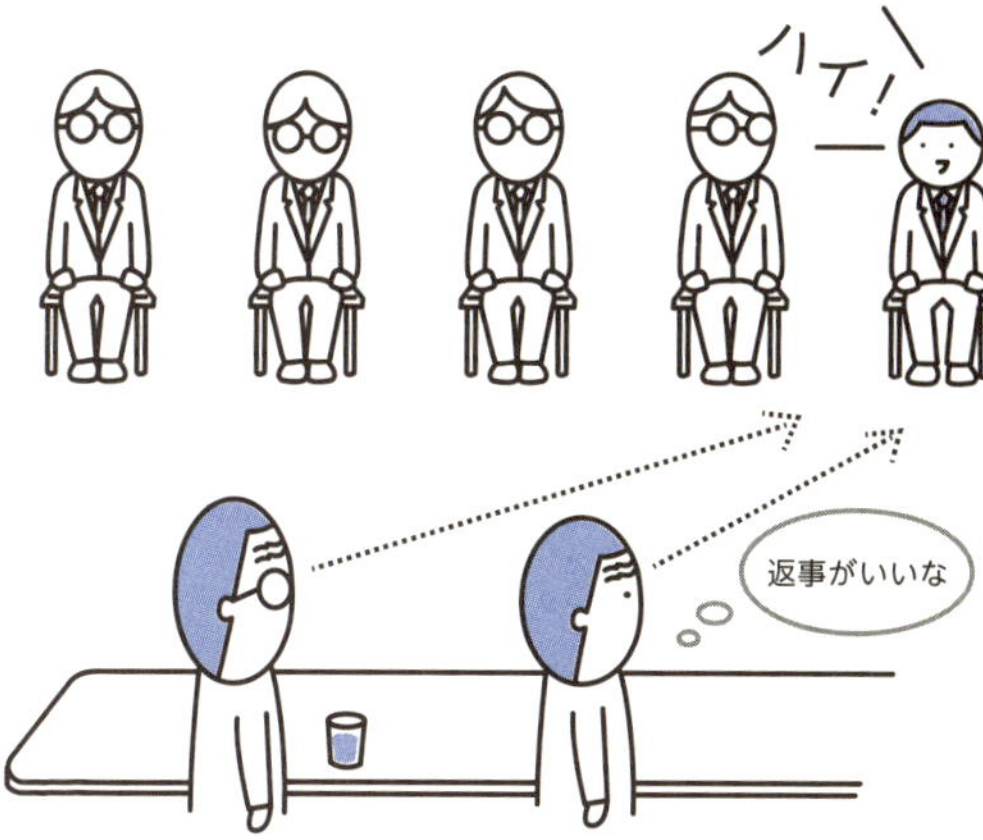

▼

他人・他社と違うことをする。
生き残るためには差別化が必要だ。

18 差別化をする方法 その1 徹底せよ

差別化といってもほんのちょっとだけ変わっている、気まぐれで、というレベルではお客様は選んでくれません。自分がお客になった時に、あなただって選ばないはずです。

では、どうすればいいのか？　それは**「徹底する」**ことです。誰にでもできる簡単なことを誰にも負けないほど徹底する、つまり、**凡事徹底こそが差別化**なのです。

一方、誰もできないことをやるのは専門化です。この技術では世界一、誰もマネができない特別な技術を持つイメージです。でも、我々のような凡人にはマネができないのです。

だから、凡人は誰にでもできるようなことだけど、自分の強みに手間をかけることです。「そんなことやっても仕方ないよ」といわれるようなこと、「こんなことやっていて大丈夫なんだろうか？」と思えることでも徹底することです。例えば地域（エリア）でも、なんとなく、だらだらと、まんべんなくやるのではなく、**意図を持って、時間を区切って、範囲を絞ってやると、結果が違ってくる**のです。その徹底こそが差別化になるのです。

差別化をする方法【その①　徹底せよ】

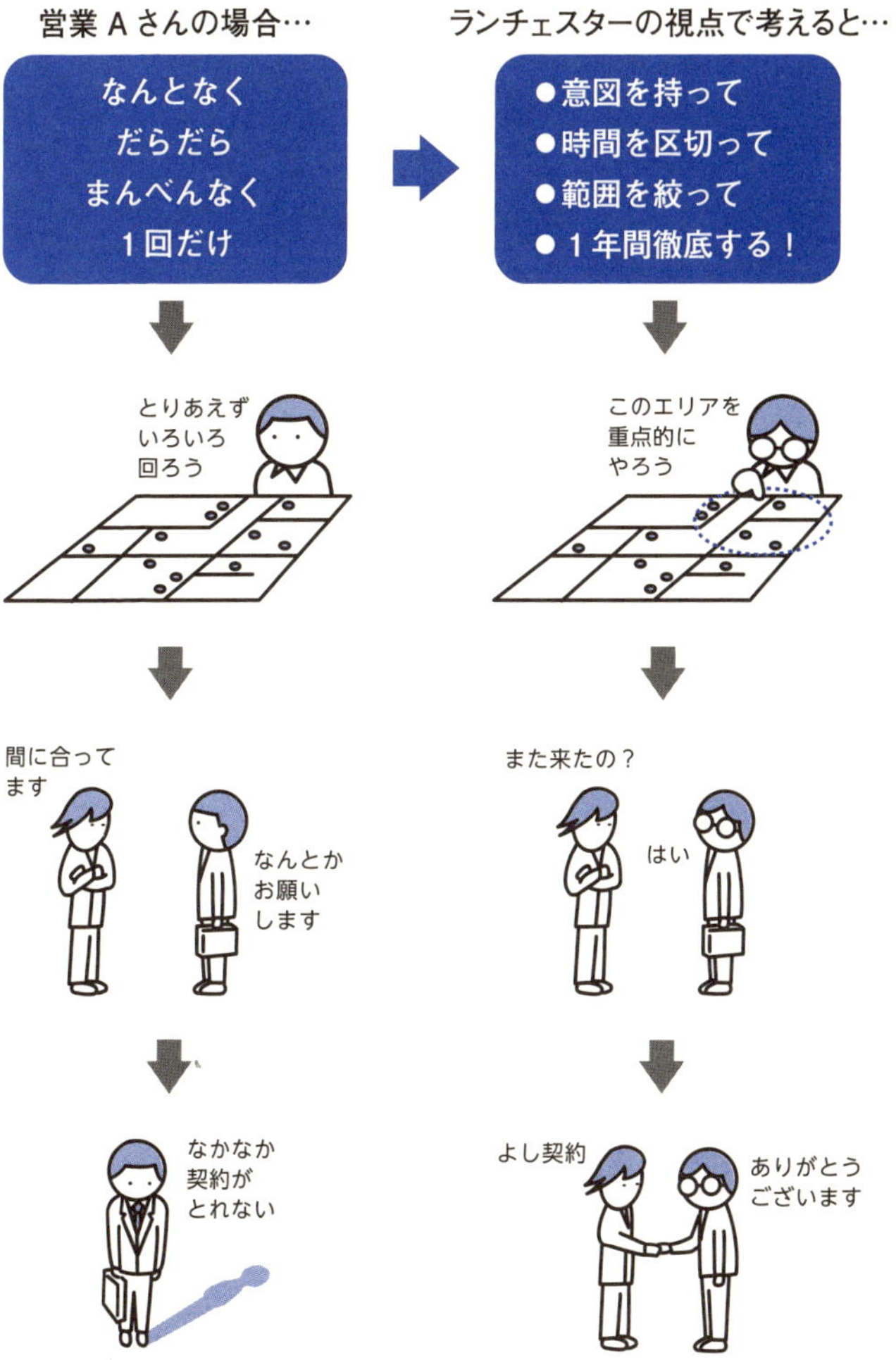
営業 A さんの場合…
なんとなく
だらだら
まんべんなく
1 回だけ
とりあえず
いろいろ
回ろう
間に合って
ます
なんとか
お願い
します
なかなか
契約が
とれない
ランチェスターの視点で考えると…
●意図を持って
●時間を区切って
●範囲を絞って
● 1 年間徹底する！
このエリアを
重点的に
やろう
また来たの？
はい
よし契約
ありがとう
ございます

19 差別化をする方法 その② 勇気を持つ

差別化の方法と言って「勇気」はないだろ、と思われたかもしれません。

しかし、この勇気を持つことがとても大切なのです。差別化とは人がやらないことをすることです。でも、人がやらないことをするのは「怖い」のです。

30人が「ビール！」と同じものを頼む時に、あなた一人だけ「赤ワイン」と言い切る自信がありますか？　もし大丈夫！　と言い切れるなら、あなたは差別化ができる方です。

でも、多くの人がそれができないのです。たったこれだけのことでさえ、「怖い」のです。「勇気」が必要になるのです。「えっ、俺だけ仲間はずれかよ……。一緒にしてよ」なんて言って、同じでありたがるのです。

人と違うことをするという行為は、ある意味では簡単なのです。しかし、**人がやらないことをする孤独感、人と違うと言われる疎外感**がいやなのです。その気持ちに打ち勝つために「勇気」が必要になると言えば、わかっていただきやすいかと思います。

差別化をする方法【その② 勇気を持つ】

ビールで
ビール
僕も
赤ワイン！

僕の道を
行くよ

人と違うことをするためには、勇気が必要だ。

20 差別化をする方法 その③

差別化は掛け算

差別化は掛け算でやってください。**①「なにを」、②「どうする」の2つの切り口で、3つは違いをつくるといい**のです。例えば、①「なにを」では、製品、価格、販路、販促、サービス、エリアで6つできます。それに対して②「どうする」で、違いをつくります。製品に○○を足す、○○を引く、色を変える、パッケージを変えるなどです。

この差別化を3つ掛け算したイメージはこうです。製品をAとBの抱き合わせにしてパッケージを変え、価格を安くし、販路をA社からB社中心にする。1つ目のこれはこうする、2つ目はこれをこうする、3つ目はこれをこうすると3つの違いをつくります。

さらに4つ目、5つ目の違いをつくってもいいのですが、まずは3つでいいでしょう。

こうして手間をかけることが差別化になるのです。それも自社の強みに磨きをかけることです。手間をかけて徹底して強みを磨き続けると、それがその会社の特徴になります。ウチの会社はこれが特徴！　と言えること自体が差別化になるのです。

差別化をする方法【その③　掛け算で考える】

①何を × **②どうする** ＝ **差別化**

①何を		②どうする		差別化
①製品		○○を足す		
②価格		○○を引く		
③販路		パッケージを変える		
④販促	×	抱き合わせて安くする	＝	自社だけの差別化の完成！
⑤サービス		A社→B社経由に		
⑥エリア		○○だけをやる		
		○○に絞る		
		etc.		

！ 自社の強みに磨きをかけること。手間をかけて強みを磨き続けると、それが会社の特徴になる。

21 ジョブズもiPhoneもランチェスター

iPhone、そしてiPhoneを創造したスティーブ・ジョブズこそランチェスターの実践者です。アップルが1998年に出したメッセージは、“Think Different.”（シンク・ディファレント）「何か違うことをしよう！」。その時、マーチン・ルーサー・キング牧師やモハメド・アリなど「世界を変えた人物」を広告に登場させました。

人と同じではなく違うことをする。徹底した差別化をする。ディス・イズ・ランチェスターです。その思想の結果がiPhoneであり、iPodであり、iPadです。

“Think Different.”（シンク・ディファレント）＝差別化＝ランチェスター戦略といってもいいかもしれません。その「考え方」こそが戦略なのです。パソコン事業で負けた弱者が差別化で勝ち上がってきた実例といえます。また、iPhoneは、キーボードをなくして（引き算）画面を広く使いやすくし、電話とiPodとWeb検索の3つの機能をあわせ（足し算）て、付加価値を高めています。

iPhone はランチェスターそのもの！

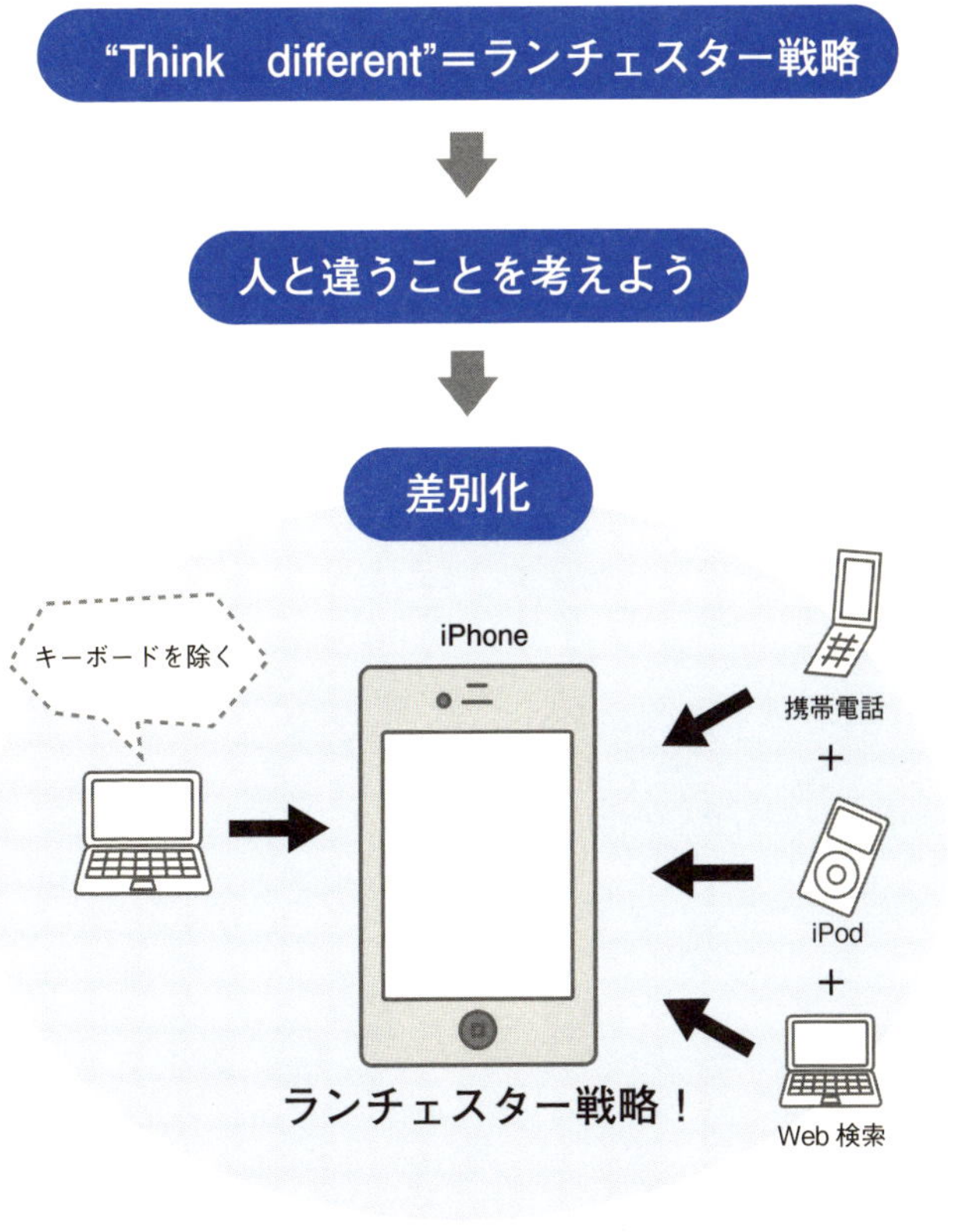
"Think different"＝ランチェスター戦略
人と違うことを考えよう
差別化
キーボードを除く
iPhone
携帯電話
＋
iPod
＋
Web 検索
ランチェスター戦略！

iPhone はパソコンのキーボードをなくし、
電話と iPod と Web 検索の機能を加えて
付加価値を高めた。

22 ドラッカーは、ランチェスター戦略そのもの

「成果をあげるための秘訣を1つだけあげるならば、それは集中である。成果をあげる人は最も重要なことから始め、しかも一度に1つのことしかしない」

これはドラッカーの言葉です。ドラッカーの本を読むと、これこそランチェスター戦略そのものだ、という言葉に出会います。この言葉もその中の一つです。この言葉はつまり、**一点集中せよ、それが成果をあげる秘訣なのだ**と言っているのです。

そして、最も重要なことから一点集中せよ、他の重要でないことはやらないこと、ということです。さらに、1つのことに一点集中せよ、2つも3つも同時にするなということを言っています。つまり、**どこに一点集中するか、どう一点集中するのか**について言っているのです。

成果をあげる人は一点集中する。逆に言えば、一点集中する人が成果をあげるということです。機会に対して、意識を一点集中させることこそが成果を生むのです。

ドラッカーは、ランチェスター

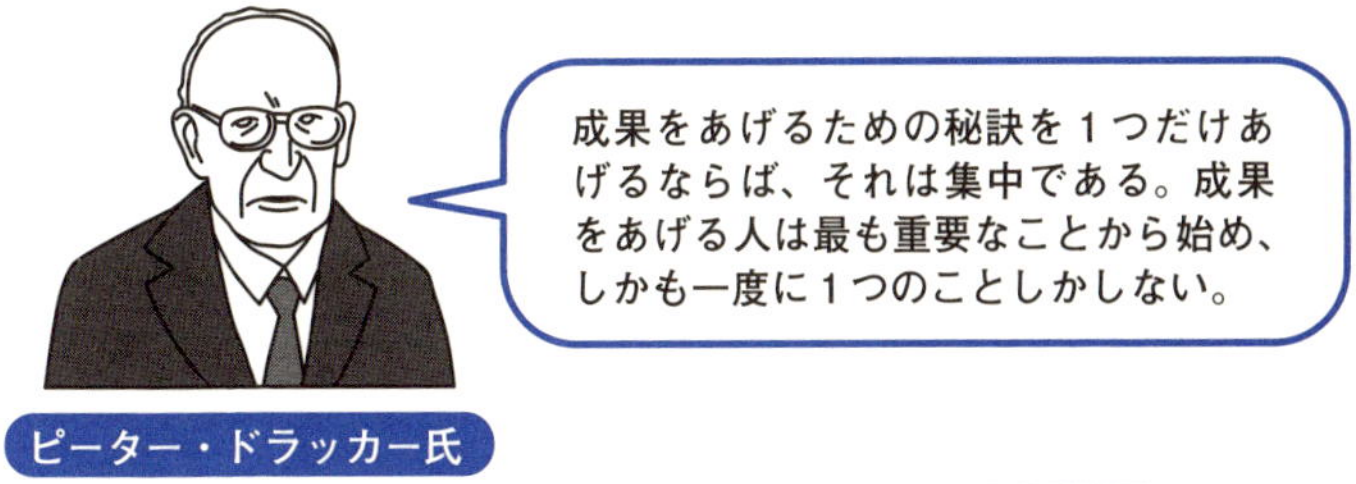
成果をあげるための秘訣を１つだけあげるならば、それは集中である。成果をあげる人は最も重要なことから始め、しかも一度に１つのことしかしない。
ピーター・ドラッカー氏

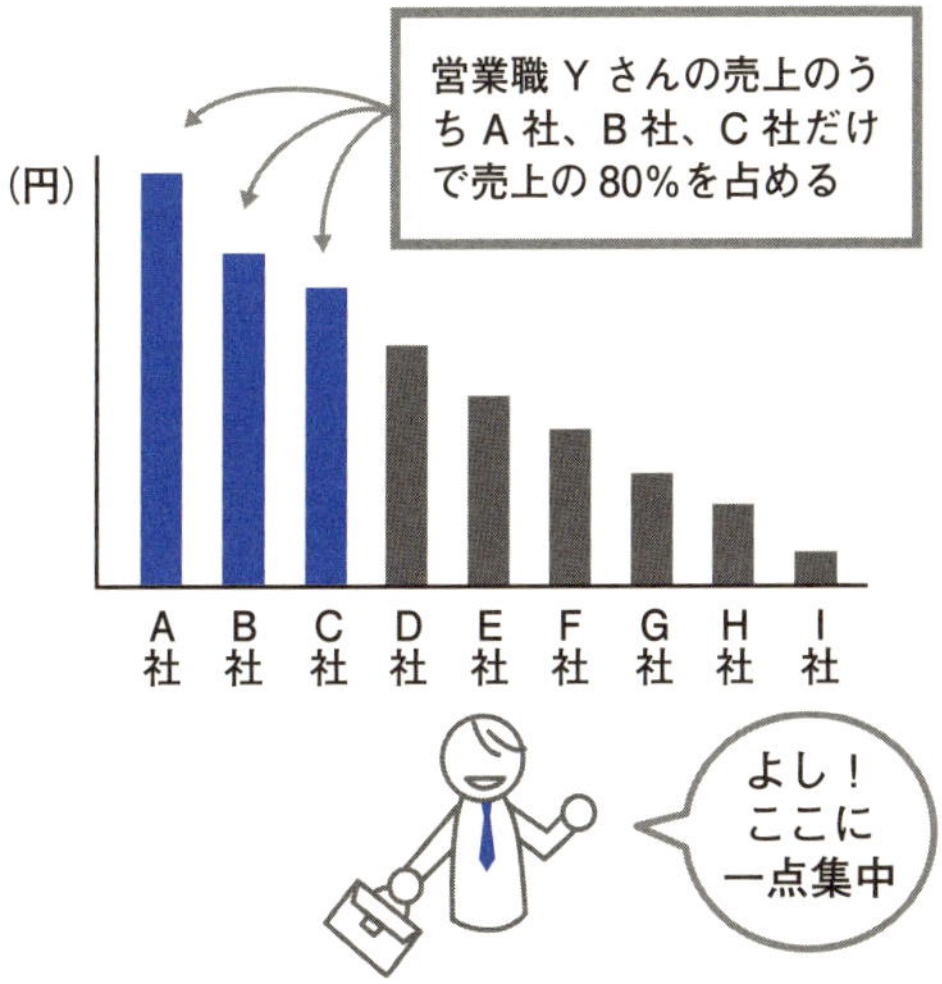
営業職Ｙさんの売上のうちＡ社、Ｂ社、Ｃ社だけで売上の80％を占める
(円)
A社
B社
C社
D社
E社
F社
G社
H社
I社
よし！ここに一点集中

来年度、さらに売上を伸ばすためには、Ｄ社以降の売上の底上げを狙うのではなく、上位80％を占めるＡ～Ｃ社の売上をさらに伸ばすことが成果につながりやすい。

23 稲盛和夫もランチェスターで会社を成長させた

「京セラをまず西の京で1番、その次に京都で1番、それから日本一、世界一の企業にしたい」という大きな夢を創業時から描き続けてきたと、稲盛和夫氏は言います。実はこの考え方こそがランチェスター戦略なのです。

まず小さなところで1番を目指す、その次にもう少し大きな範囲で1番を目指す、さらに、その次にもう少し大きな範囲の1番を目指すことです。**小さな1番を積み重ねること**です。

弱者は【差別化】して【一点集中】して【No.1】です。まず、No.1になると目標を決めることが大切なのです。トップがNo.1を目指すと宣言することです。はじめはまったく無理と思えるかもしれません。しかし、思わなければ始まらない。だから、無理を承知でNo.1を目指す。そして、そのためには小さなNo.1を積み重ねることなのです。**No.1になるには、小さなところでNo.1になる目標を決めることからはじまるのです。**

稲盛和夫もランチェスター

京セラをまず西の京で１番に、その次に京都で１番に、それから日本一、世界一の企業にしたい。

稲盛和夫氏

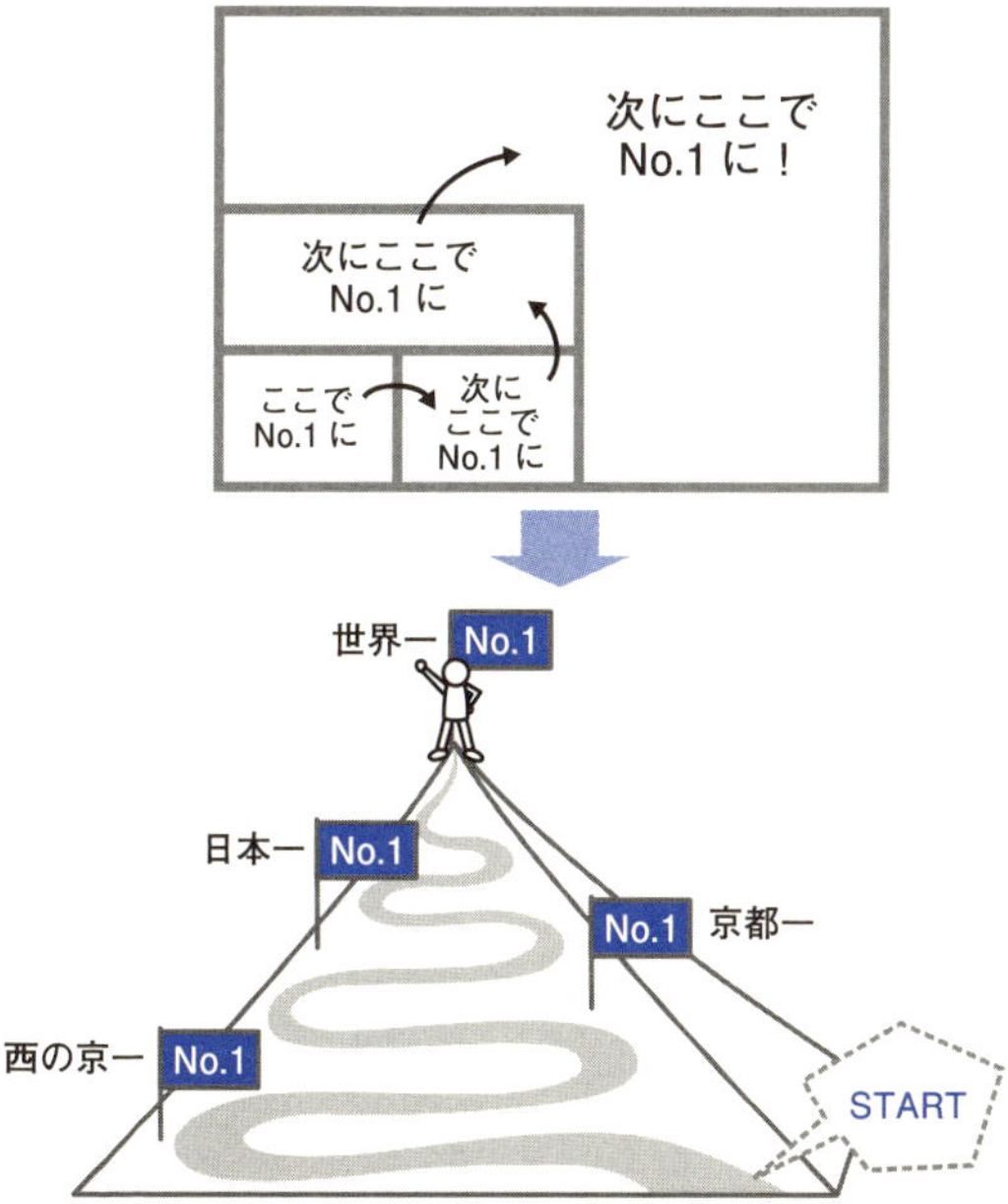
次にここで
No.1 に！
次にここで
No.1 に
ここで
No.1 に
次に
ここで
No.1 に
世界一
No.1
日本一
No.1
No.1
京都一
西の京一
No.1
START

世界一を目指すという高い目標をかかげる。

24 ヒットを打つことに一点集中したイチローのランチェスター戦略

イチローもランチェスターの実践者です。なぜなら、ヒットを打つことに特化しているからです。本当は、ホームランが打てるにもかかわらず、ヒットを打つことに一点集中して、結果を出しています。ホームランも打つし、ヒットも打つ、そのほうがかっこいいのですが、あれもこれもやろうとすると両方ともうまくいかなくなるのです。

もし、イチローとまったく同じ才能を持ったイチローBがいたとして、ヒットを打つことに特化せず、ホームランも打つしヒットも打つ打撃スタイルでやっていたら、今のイチローと同じ結果は出ていないだろうと思います。

打率もまあまあ、本塁打もまあまあのイチローBより、打率が日本一、そして世界一の今のイチローのほうがよくありませんか？　打てばヒット、またヒット、大事なところでまたヒット、今年も200本安打というほうが、人は好きになるのです。ファンになります。だから、**同じ才能なら何かに特化してNo.1になったほうがいいのです。**

イチローもランチェスター戦略を実践

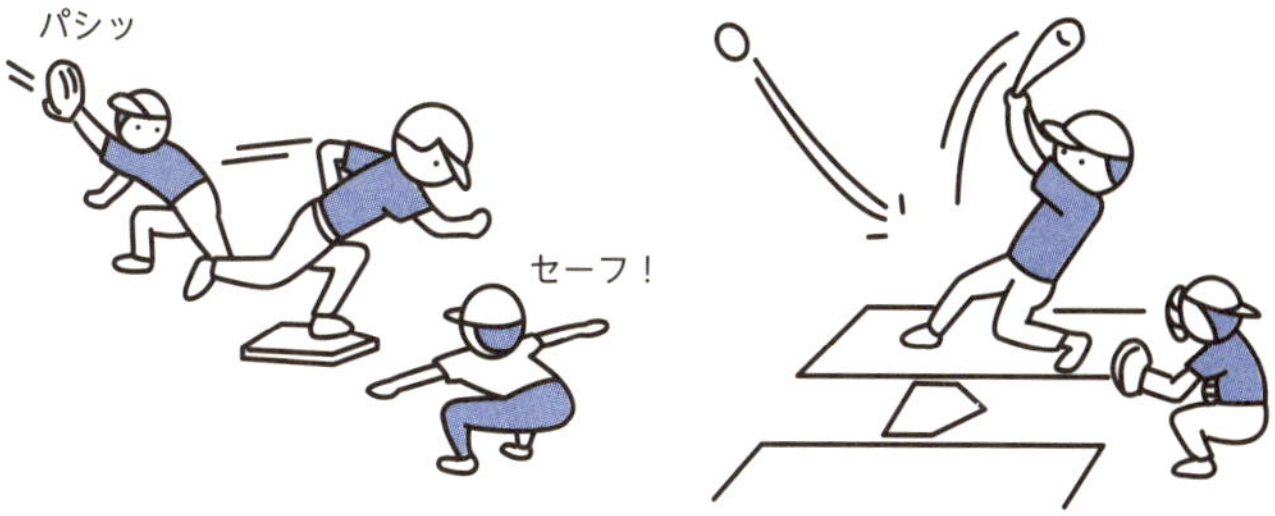

イチローB

① ヒットだけを狙うイチロー

- 打率　351　＜ No.1を狙える
- ホームラン　8本

VS.

② ヒットもホームランも狙うイチロー

- 打率　238　＜ No.1を狙えない
- ホームラン　25本　＜ No.1を狙えない

どっちが魅力的？

▼

！ ヒットを打つことに特化することで、No.1を目指すイチローのほうがより魅力的。

25 ランチェスターを学びたかったら掃除をしなさい！

掃除がランチェスターとはどういう意味か？

実は、掃除こそがランチェスター戦略を一番身近に学べるものなのです。「18差別化をする方法その①徹底せよ」で、徹底こそが差別化になる、同じ掃除でも徹底することが大切だとお話ししました。

整理整頓といいますが、意味の違いをご存じですか？　整理とはいらないものを捨てること、整頓とは残ったものにラベリングして取り出しやすくすることです。いらないものを「捨てる」とは、つかわない決断をしたことです。つまり、整理、片づけとはランチェスター戦略の**「一点集中＝やらない決断＝捨てる」**そのものなのです。

例えば、あなたの引き出しや押し入れの中に、いらないものがたくさんあるのではないでしょうか？　「いつか使う」ことはありません。あなたの決断力のなさ（迷い）がそこに表れているだけなのです。実は、身の回りを整理すると決断力がつくようになるのです。

掃除はランチェスター

仕事のできない人の
机上は、いつも
ごちゃごちゃ
仕事のできる人の
机上は、いつも
すっきり

一点集中して、いらないものは捨てる！

↓

戦略とは「捨てる」こと。
掃除＝片づけ＝「迷い」「ムダ」をなくすこと

▼

！ 捨てる ＝ 決断 ➡ 自信

26 「一点集中すること」が最も成果を生む！

あれもこれもやろうとするからうまくいかないのです。あれもこれもではなく、あれかこれかのほうが、成果が出ます。すべてをやろうとせずに、絞り込むことが大切です。あれもこれもやる多才な人よりも、仮に才能があまりなくても、「これだけ」を選んで努力し続けた人のほうが、最終的には素晴らしい成果が出るようです。そして、その人に才能があればなおさらです。その理由が一点集中なのです。才能、機会、時間などの持てる資源を小さく絞り込んだところに一点集中させることです。力を分散せずに大切なことに全てを一点集中することが最も成果を生むのです。

例えば、タイガー・ウッズはゴルフだけ、メッシはサッカー一筋に生きています。この**「～だけ」「～一筋」という表現こそが一点集中です**。この人からこれをとったらゼロ、何も残らないという生き方です。毎日、それしか考えない、そのことで頭が一杯、毎日それしかしていないという人が、あれもこれもやっている人に負けるわけがないのです。

一点集中することがもっとも成果を生む

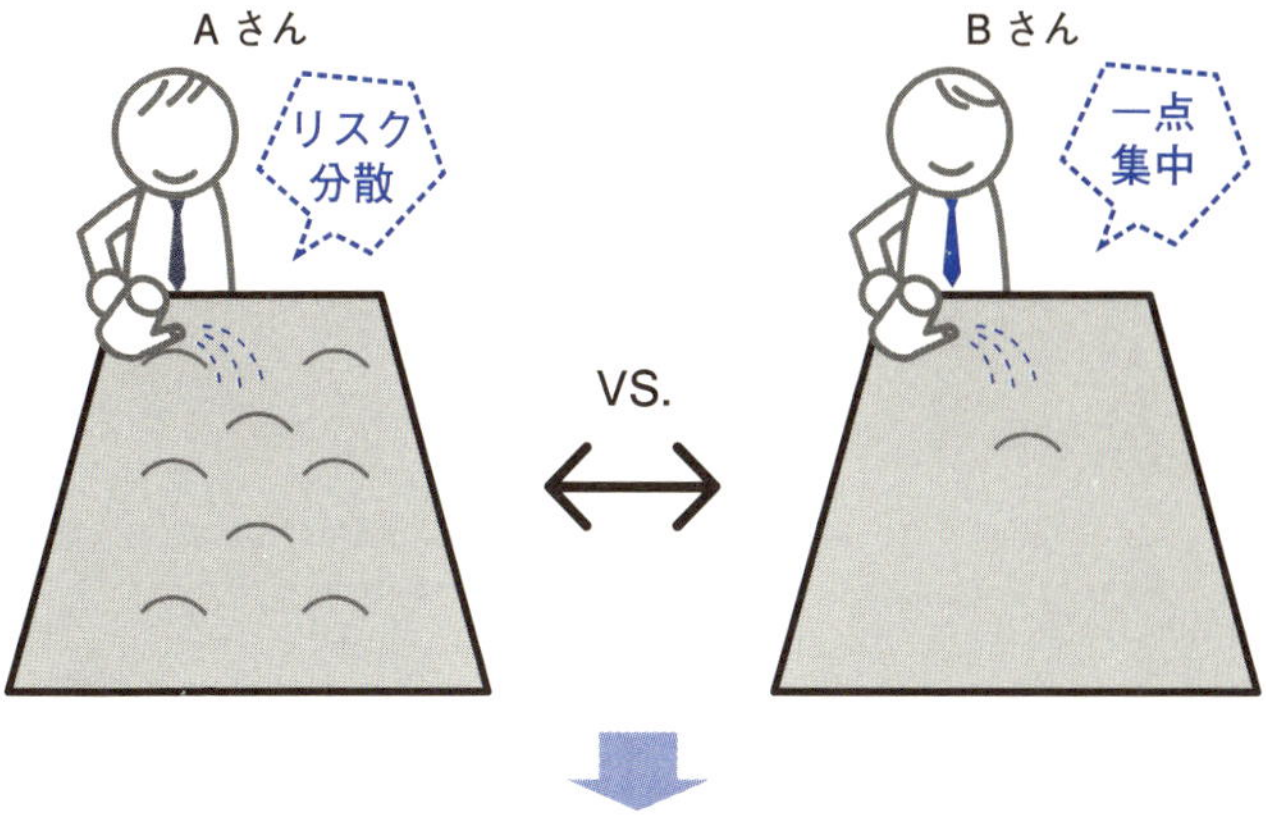
Aさん
リスク分散
Bさん
一点集中
VS.

種を四方八方にまいてどれも育たないAさん
たった1つの種だけを大事に育て、大きくしたBさん

Bさんの勝ち！

27 一点集中する方法 その1 細分化せよ

物事を漠然ととらえたままだと一点集中できません。一点集中するには細分化することです。例えば、「あなたはどこのお客様に販売しますか？」と聞いた時に、「日本全国たくさんです」と答えているうちはあまりうまくいかないのです。漠然としすぎているからです。そうではなくて、「関東中心、それも神奈川県、なかでも横浜を中心にやります！」という絞り込みが大切なのです。

これはエリアを細分化して、そこに一点集中するということです。イメージとしては田んぼの田の字を書く感じです。1つの塊に線を入れて分解する、細分化すると覚えてください。**細分化とは、細かく、分ける**と書きます。

細かく細かくしてゆくと、自分が人より勝てる領域が出てくるものです。そこに持てる資源を一点集中するのです。**キリのように鋭く切り込む**。金づちで叩いても穴は開きませんが、細分化されたところをキリで力を込めると穴が開くのです。

一点集中する方法【その①　細分化せよ】

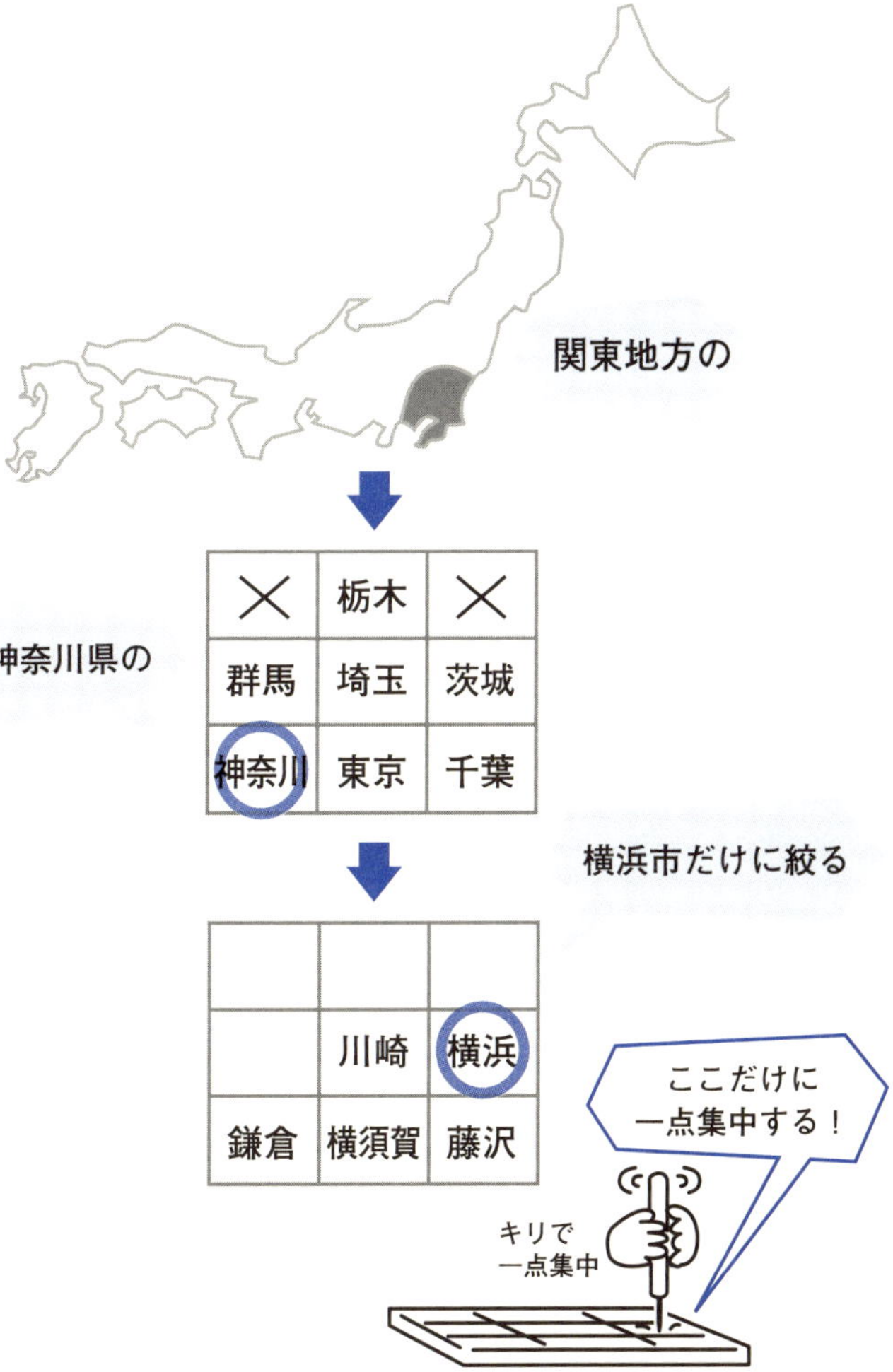
関東地方の
栃木
群馬
埼玉
茨城
神奈川
東京
千葉
神奈川県の
横浜市だけに絞る
川崎
横浜
鎌倉
横須賀
藤沢
ここだけに
一点集中する！
キリで
一点集中

28 一点集中する方法 その❷ いいことに一点集中

いい場所、いい人、いいことに一点集中してくださいと言っています。人はどうしても悪いところに目が行きがちです。10人の組織なら、一番売っている人には目が行かずに、一番売れていない人に目が行きます。なんとなく気になる……。

しかし、成果を出す場合はそれではいけません。**一番売れている場所に一点集中し、一番売れている人に一点集中し、一番売れている商品に一点集中する**ことです。

ここでいう売れている人とは、①販売をする人、②買ってくれる顧客の2つの意味があります。つまり、経営資源である会社の人材の一番の強みを、販売先の一番の機会（チャンス）に一点集中させるという意味です。一人の個人の場合なら、自分の一番得意なこと、才能を、一番伸ばせる機会（環境、部署、得意先）に一番使うということです。

あなたの持っている一番高価なコインを、一番配当率の高い場所に賭けると、一番リターンが高くなると考えるとわかりやすいかもしれません。

一点集中する方法【その②　いいことに一点集中】

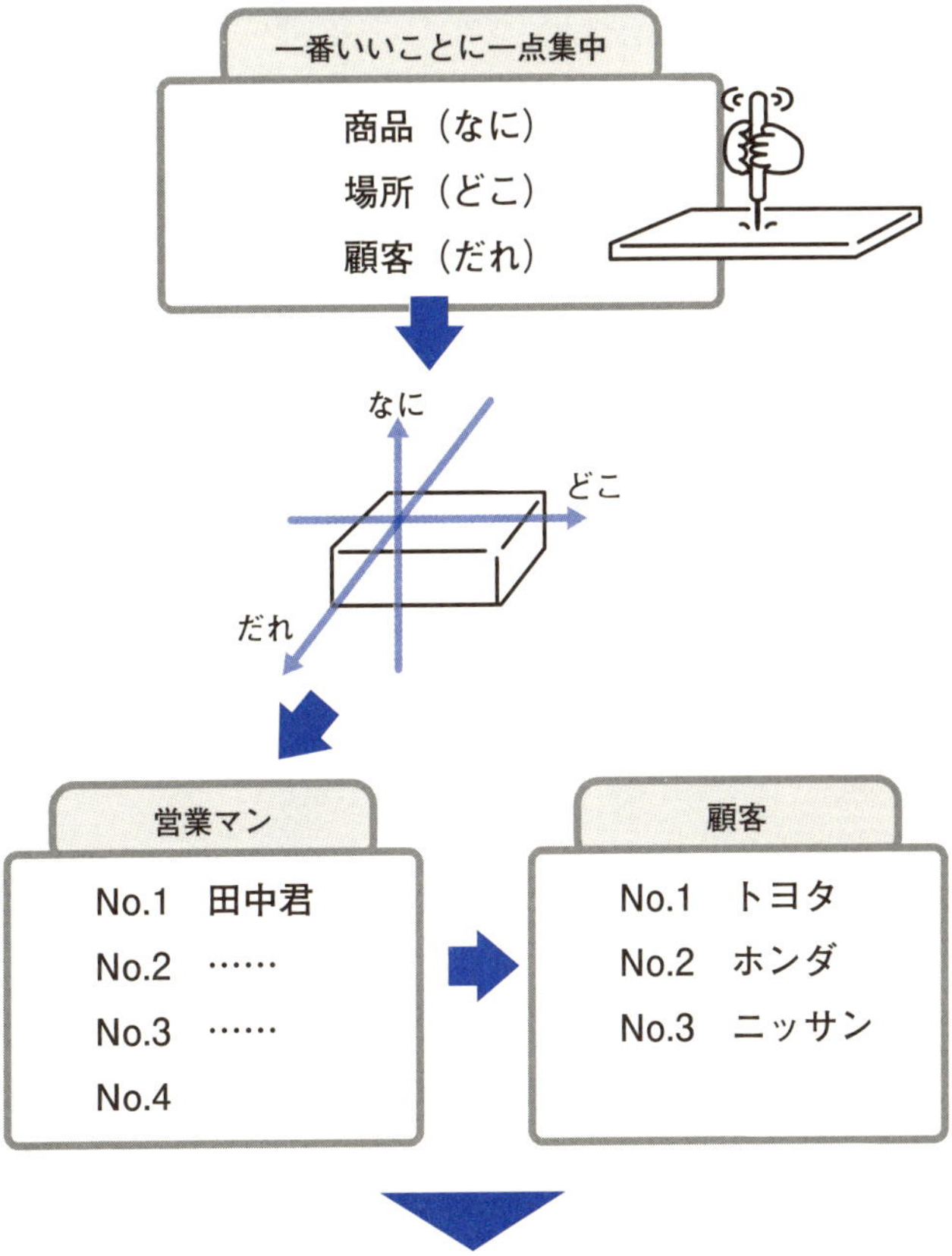
一番いいことに一点集中
商品（なに）
場所（どこ）
顧客（だれ）
なに
どこ
だれ
営業マン
No.1　田中君
No.2　……
No.3　……
No.4
顧客
No.1　トヨタ
No.2　ホンダ
No.3　ニッサン

No.1がNo.1を担当する。
一番の強みを一番の機会に一点集中させる。

29 一点集中する方法 その③ やらない決断をする

一点集中するとは「やらない決断をする」ことです。10個ある選択肢の中から1つを選ぶこととは、9個をやらない決断をしたことになります。テレビを見るとは、本を読まない決断をしたのです。「どーしよーかなー」と思って、あとで決めようと先延ばしにしたのは、つまり、決めない決断をしたことになるのです。

無意識に無難な選択をすることは、結果的に何も得ない、成果につながらないことが多いのです。だから、**意識して「Aをやる＝Bをやらない」決断をすることが大切です**。その決断によってはじめて一点集中ができるのです。

しかし、これがとても難しい。やらない決断ほど難しいものはない、と言ってもいいくらい難しいものです。「～はやらない、～はやらない、～はやらない」と3つ決めてみてください。「～はやらない」と、明確に決まっている会社は、日本でも数少ないはずです。でも、「～はやらない」と決めている会社は、概して優良企業で、成果が出ています。

一点集中する方法【その③　やらない決断をする】

一点集中

＝

A をやる

＝

B をやらない

やらない3原則

〜はやらない
〜はやらない
〜はやらない

半径30分以上はやらない
男性向け商品はやらない
製品数をむやみに増やさない
粗利益40%以下の商品はやらない　etc.

30 GEの有名な戦略もランチェスターだった！

競争社会ではNo.1でなければ生き残れません。

ドラッカーからのアドバイスをもらって、GEのジャック・ウェルチは、

「1位か2位になれる事業しかやらない」

それ以外はやめる、という選択をします。

つまり、ランチェスター戦略の一番の根幹となるNo.1主義です。結果はご存じのとおり、急激な成長を遂げました。何を隠そうGEの戦略は、ランチェスター戦略なのです。

No.1のメリットは、No.1だと認知され、ブランドができ、指名買いされる、価格決定権ができて利益が出る、地位が安定するなどがあります。

逆にNo.1でないと、認知されないので商品名も忘れられる、価格は販売店、エンドユーザーの言いなりで利益が出ない、地位が安定しないとなります。だって、日本一の山は富士山と知っていても、日本で2位の山はふつう知りませんよね。

GEの有名な戦略もランチェスターだった！

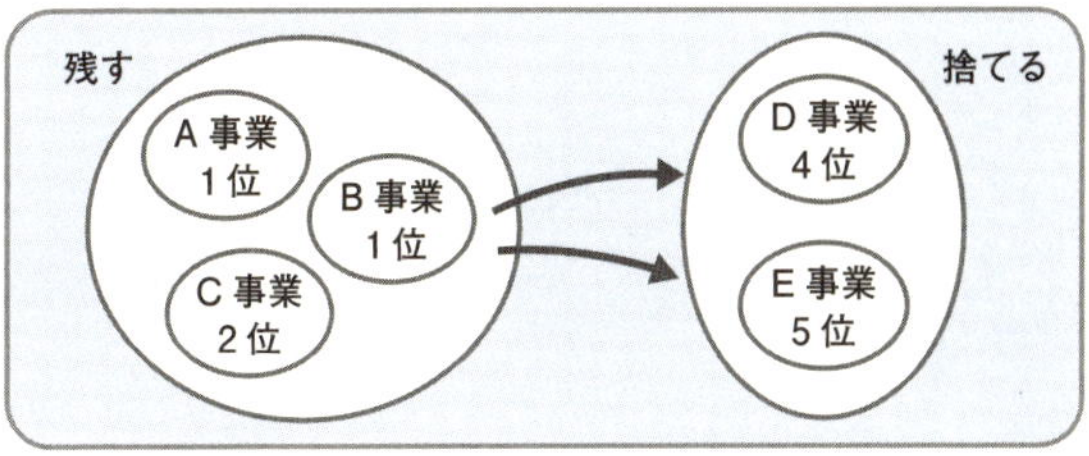
残す
A 事業
1 位
B 事業
1 位
C 事業
2 位
捨てる
D 事業
4 位
E 事業
5 位

1 位か 2 位になれる事業しかやらない。それ以外はやめる

ジャック・ウェルチ氏

No.1 になるメリット

認知される、ブランドと認められる、
指名買いされる、価格決定権がある、
地位が安定する。etc.

[質問]
日本で２番目に高い山は何ですか？

※答えは、79 ページ

31 No.1になる方法 その1 絞り込み

No.1になるためには、勝ち目のある市場を選び、絞り込む必要があります。戦う場所を決めることです。市場の選択を間違えれば、勝てる戦いにも勝てなくなります。全く同じ力にもかかわらず、Aはうまくいき、Bはうまくいかないという結果になってしまいます。

そして、その中でもさらに絞り込みます。あれもこれもやるのではなく、小さくするのです。なんでもいいから自社がNo.1になれるものに絞り込むのです。**小さなエリア、小さな顧客、小さな商品、なんでもいいからNo.1をつくることです**。

「いや、ウチには特に特徴がなくて……」なんて思わないでください。小さく絞り込めば必ずNo.1になれるものが、1つや2つは見つかります。千里の道も一歩からです。

明日、突然No.1になることは不可能です。しかし、小さな領域に絞り込んで、小さなNo.1を確実に一つ一つ積み重ねてゆけば、必ずNo.1になれます。だってNo.1の集まりはNo.1なのですから。

No.1 になる方法【その①　絞り込み】

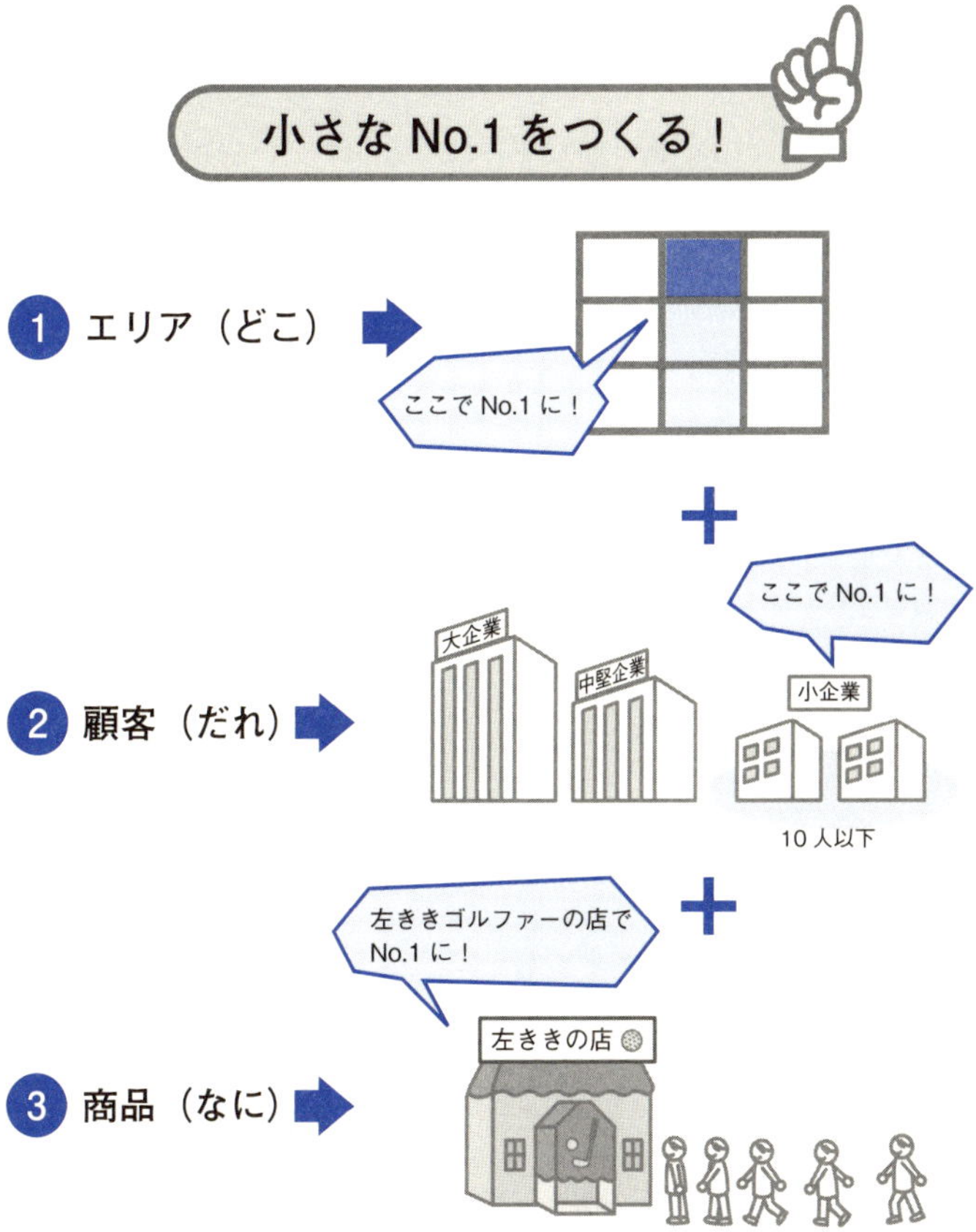
小さな No.1 をつくる！
1 エリア（どこ）
ここで No.1 に！
2 顧客（だれ）
大企業
中堅企業
小企業
ここで No.1 に！
10 人以下
3 商品（なに）
左ききゴルファーの店で
No.1 に！
左ききの店

なんでもいいから小さな No.1 を積み重ねる！

※P77 の答え、「北岳」

32 No.1になる方法 その❷ 弱い相手と戦う

自分より弱い相手と戦うことをランチェスター戦略では、足下《そっか》の敵攻撃の原則と言います。戦う時には、自分より強い相手と戦わないことです。自分より上位を競争目標とし、下位を攻撃目標とします。目標を混同しないことが大切です。

多くの企業がおかす間違いは、この競争目標と攻撃目標を混同することです。自分に力がないのに、どうしても自分より上位のNo.1企業に戦いをのぞみたくなるのです。それも何となく……です。勝てたらいいなという程度で戦えば、負けるのは目に見えています。

そうではなく、まず勝てる場所を選び、勝てる相手を選ぶことです。これはつまり、競合との力関係を知るということなのです。人は誰でも自分のことで頭が一杯で、相手のこと、特に競合のことが見えなくなります。しかし、No.1企業ほどしっかりした戦略を持っているものです。むやみに上位に戦いを挑むのではなく、まず弱い相手に勝つことのほうが最終的な勝利を手にする可能性が高くなる、これこそが戦い方、つまり戦略なのです。

No.1になる方法【その②　弱い相手と戦う】

市場シェアの７つのシンボル目標値

73.9%	上限目標値	独占的となり、その地位は絶対的に安全に。ただし１社独占は必ずしも安全とはいえない。
41.7%（Y社）	安定目標値	地位が圧倒的に有利となり立場が安定する。41.7％は首位独走の条件。
26.1%（X社）	下限目標値	トップの地位に立つことができる強者の最低条件。安定と不安定の境目。これを下回ると１位であっても、その地位は安定しない。
19.3%（Z社）	上位目標値	ドングリの背比べ状態の中で上位グループに入れる。弱者の中の強者。
10.9%	影響目標値	市場全体に影響を与えるようになり、シェア争いに本格参入。
6.8%	存在目標値	競合者に存在を認められるが市場への影響力はない。これ未満を撤退の基準として使われる場合も。
2.8%	拠点目標値	存在価値はないに等しいが、進出の足がかりとなりうる。

攻撃（X社 → Z社）

X社にとって、競争目標となるのはY社だが、攻撃目標となるのはZ社になる。

33 No.1になる方法 その③ 強みを伸ばす

誰にでも、強みもあれば弱みもあります。人でも企業でも必ず。例外はありません。No.1になるためには、弱みにではなく、強みに焦点を当てて、強みを伸ばすことが必要です。なぜなら、弱みを伸ばすより、強みを伸ばしたほうが成果が出やすく、No.1になりやすいからです。しかし、多くの人はどうしても、強みよりも弱みに目が行きがちになります。その視点を変えて、**強みに一点集中することこそがNo.1への近道**なのです。

会社であれば、自社の強いところに営業人員などの資源を一点集中させて、さらに強みを伸ばすのです。ここでも、自社の強いエリア、自社の強い顧客、自社の強い商品と、どの、だれに、なにを、の視点で見てください。

自社の強いエリアに、自社の売れている営業を配置し、自社の強い顧客に、自社の強い商品を販売すれば、成果が出るのです。強みに一点集中して、強いところをさらに徹底して強くすることがNo.1への王道です。

No.1になる方法【その③　強みを伸ばす】

❶ 絞り込む⇨勝ち目のある市場を選ぶ

❷ 弱い相手と戦う⇨競合との力関係を知る

❸ 強みに一点集中する⇨自社の強みを伸ばす

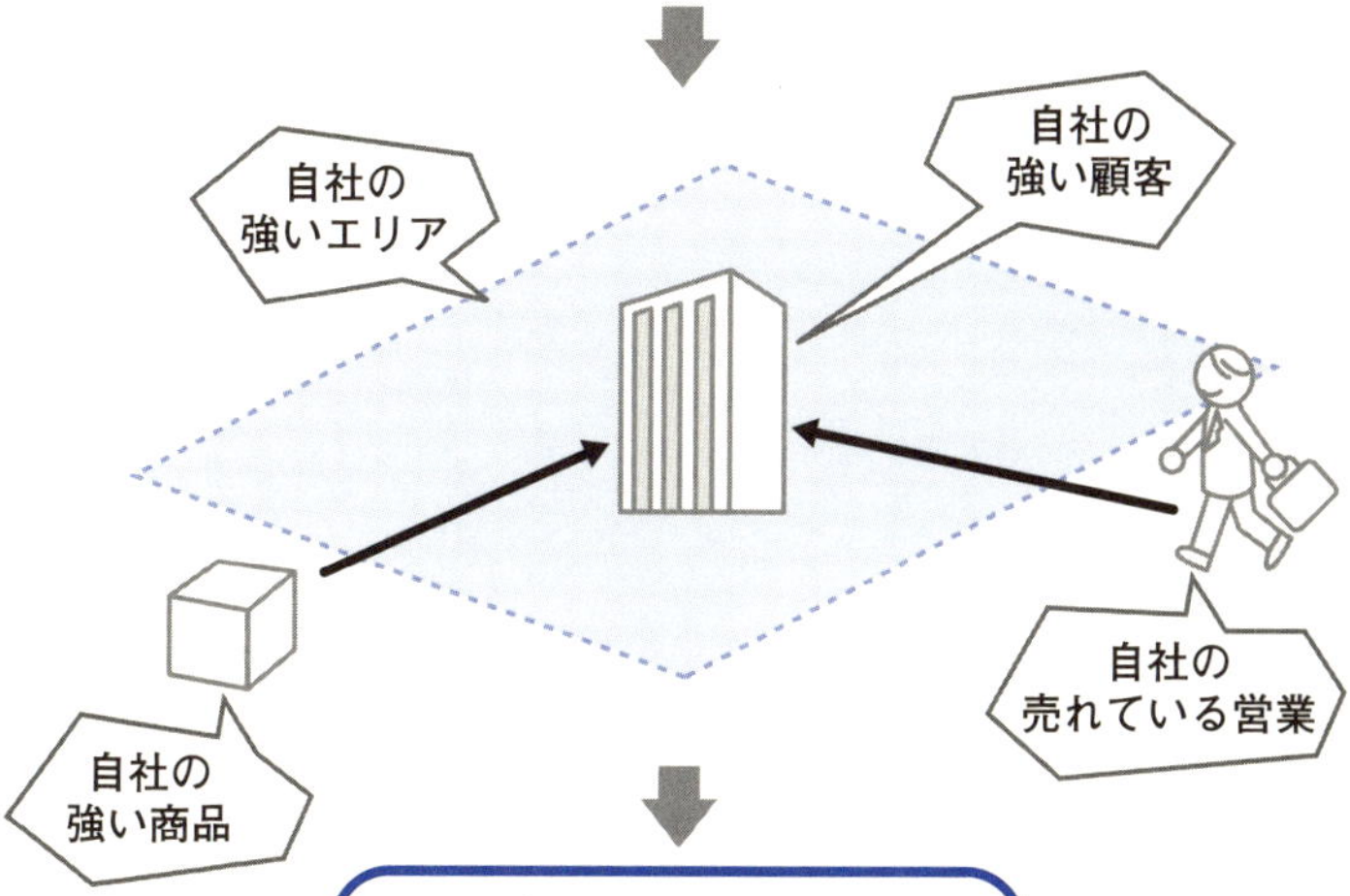

成果が出る！

No.1への王道！

34 No.1になる方法 事例編 小さな広告会社の場合

例えば、小さな広告会社の仕事で、ランチェスター戦略に従う場合と、そうでない場合の例を見てみましょう。新人が営業を始めるときに上司がアドバイスするとします。

ある上司は、「お前の好きなところへ行き、好きな商品を売ってこい」と言います。一見、本人の自主性に任せるいい上司です。太っ腹で、こんな上司のもとで働きたい！　というタイプ。

もう一人の上司はこう言います。「ポイントは3つある。①エリアを絞れ、半径1キロメートル15分以内だけ、②商品は売れ筋商品だけ、③お客様は5～10人の中小企業だけ、大きな会社には行くな」。**あれだけ、これだけと、うるさい上司**ですね。

でも、結果は後者のほうが売れる場合が多いのです。なぜ、そうなるのか？　理由はやることがシンプルになるからです。毎日同じことをすれば、場所も顧客名も商品名も覚える、こうやってランチェスター戦略で絞り込むと、ラクラク簡単に上達しやすくなります。

No.1 になる方法【事例編　小さな広告会社の場合】

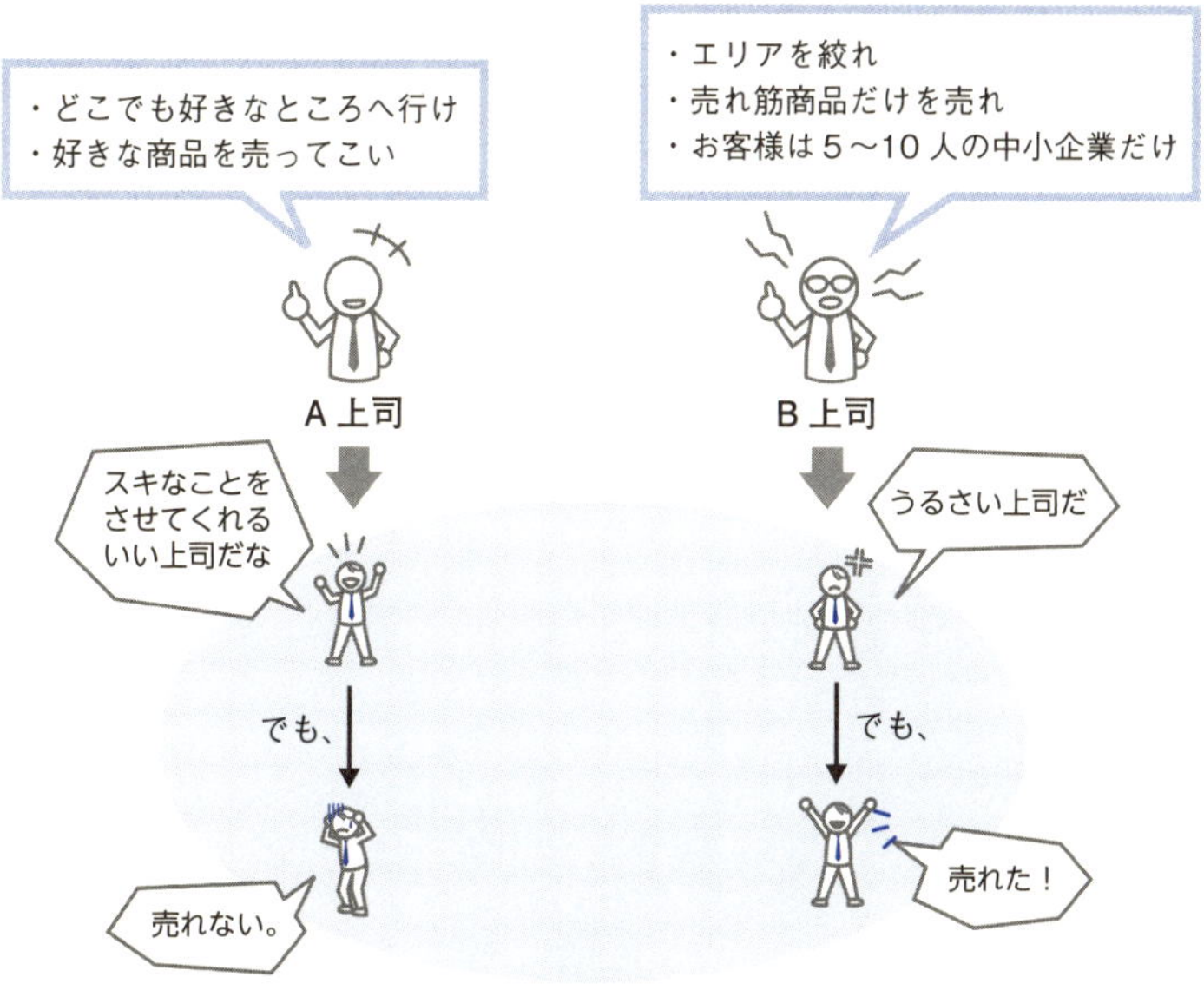
・どこでも好きなところへ行け
・好きな商品を売ってこい
・エリアを絞れ
・売れ筋商品だけを売れ
・お客様は 5～10 人の中小企業だけ
A 上司
B 上司
スキなことを
させてくれる
いい上司だな
うるさい上司だ
でも、
でも、
売れない。
売れた！

B 上司の指示に従ったほうが結果が出やすい。

理由は、
やることがわかりやすく、
行動がシンプルになるから。
それを繰り返せば、
成果が出やすくなる。

35 兵力は分散しない

兵力は分散投入してはいけません。一点集中せずに力を注ぐことは、負けを意味します。例えば、兵力数が600のA軍と、300のB軍が戦った時、武器効率が同じなら、兵力数の多いA軍が勝ちます。しかし、A軍が100の兵力数を6回に分けて投入すると、B軍が勝ちます。

理由は、1回目の戦いでは、A軍100：B軍300とB軍のほうが兵力数が多くなるからです。その戦いを6回繰り返すと、A軍は普通にやれば勝てた戦いでも負ける。つまり、**自分の力を分散して使ったがために、勝てる相手に勝てなかった**ことになります。

これは、ビジネスにも個人の人生にも当てはまります。たとえ才能のある人でも、自分の才能をあれにもこれにも使えば、どれもモノにならない人生になるのです。しかし一方で、才能は劣っているとしても、1つの仕事に一点集中してやり続けることで、人生が開花する人もいます。同じ人生でもやり方によってまったく別のものになると実感します。

兵力は分散しない

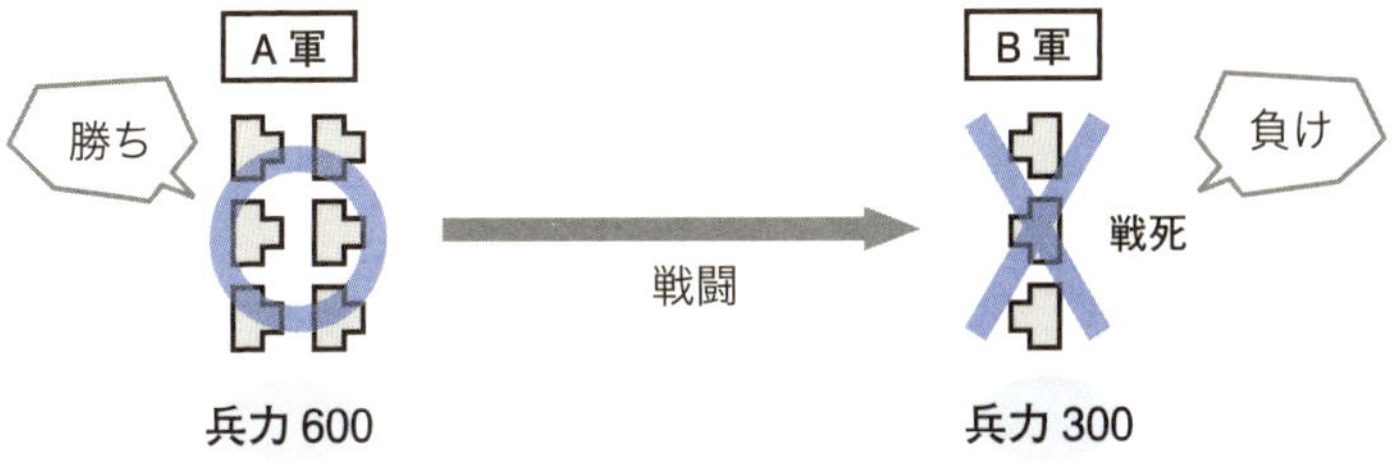
A軍
B軍
勝ち
負け
戦闘
戦死
兵力600
兵力300

兵力数600のA軍と兵力数300のB軍が戦えば、武器効率が同じならA軍が勝つ。

しかし、A軍が600の兵力を6回に分けて
100ずつ逐次投入すると…

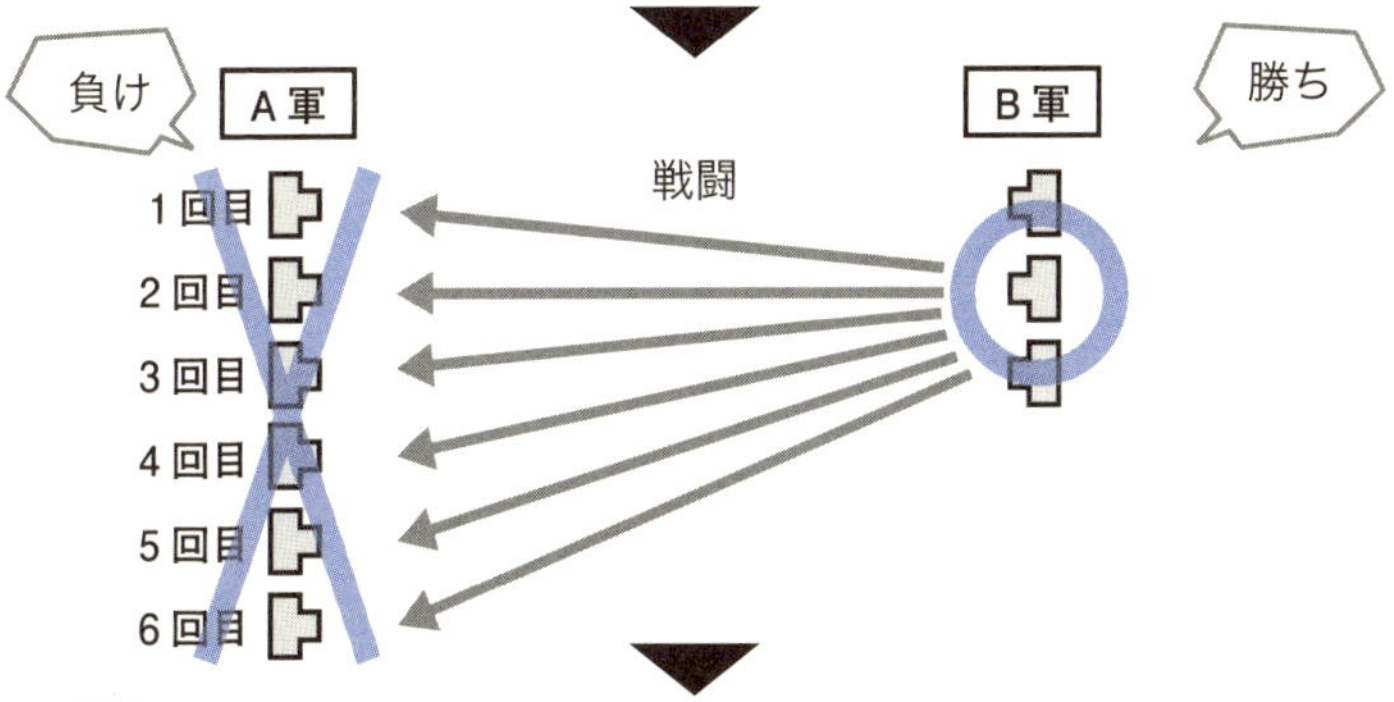
負け
A軍
B軍
勝ち
戦闘
1回目
2回目
3回目
4回目
5回目
6回目

! 兵力を100ずつ小出しにしたA軍は、
100対300という兵力の違いによって全滅する。
勝てる状況でも、やり方を間違えれば、「負ける」

36 人に覚えてもらえる存在になる

「〜といえば」はランチェスターです。

例えば、コンビニといえば、「○○○○」。

ハンバーガーといえば、「○○○○」。

この「○○○○」に入るものがNo.1のものです。ほとんどの人が、セブン - イレブンとマクドナルドと答えたと思います。

ランチェスター戦略でNo.1を目指す理由はここにあります。人に思い出してもらえるかどうか。あの商品ならあの会社と覚えてもらえているかどうか。ある人の心の中の市場占有率（マインドシェア）が1位である企業や商品になると圧倒的に強くなります。

この辺だとラーメン屋といえば、「○○屋」だよね。じゃあとりあえず食べに行こうか、となるのです。だから、あなたの会社も「〜といえば」あの会社だね、になる必要があります。ある市場でNo.1になればそう言われるようになり、選ばれてゆくのです。

人に覚えてもらえる存在になる

〜といえば、〇〇　＝ランチェスター

カジュアルウェアといえば、〇〇〇〇

トマトジュースといえば、〇〇〇

焼肉のタレといえば、〇〇〇

クルマといえば、〇〇〇

No.1を目指すのは、人に覚えてもらえるから。
ある人の心の中のシェアが1位である企業や
商品は、圧倒的に強い。

37 ランチェスターのわかりやすいイメージは【包丁とキリ】

弱者は【差別化】して、【一点集中】して、【No.1】！　これを覚えるポイントは、**差別化は「包丁」、一点集中は「キリ」、No.1は「人差し指を立てる」**イメージです。

差別化をするとは、ちょうど「包丁」で要らない部分を切り落とすイメージです。要らない部分を切り落として必要な部分だけにする。本質だけを残すことが人との違いをつくる、それが差別化になると覚えてください。

一点集中するとは、「キリ」のイメージです。固い板でも「キリ」もみで、小さい部分に力を入れれば穴が開くのです。解決の糸口さえ見つからない壁にぶち当たった時の、突破口がこの一点集中です。力を集中させれば「キリ」のように一点突破できます。

この本を読みながら、右手で人差し指を立ててみてください。No.1という気がしてきませんか？　人差し指を立てるという行動がNo.1のイメージをつくり上げます。No.1、No.1、No.1とイメージしながら行動すると結果につながりやすくなります。

ランチェスターは【包丁とキリ】

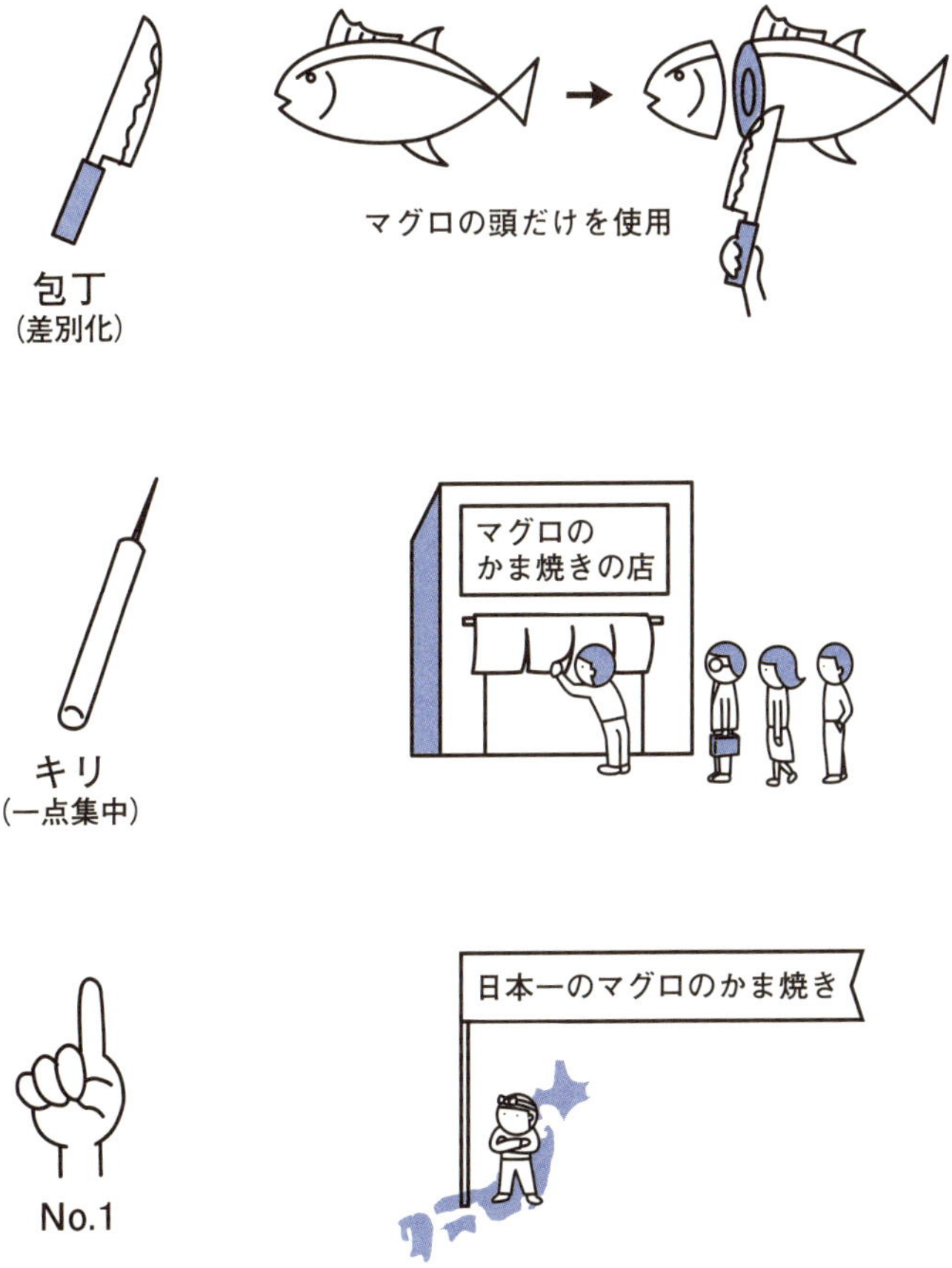
包丁
（差別化）
マグロの頭だけを使用
キリ
（一点集中）
マグロの
かま焼きの店
No.1
日本一のマグロのかま焼き

38 ランチェスターは「しか」「だけ」経営

私は多くの中小企業に、「しか」「だけ」経営を勧めています。このエリア「しか」やらない、この商品「しか」やらない、この領域「だけ」に特化する、そこ「だけ」は強い、という経営です。これがランチェスターです。

ある事柄に限定する、特化する経営です。もちろん営業マン個人にも当てはまります。「しか」「だけ」という言葉は、とてもランチェスター的な言葉です。これ「しか」やらない、これオンリー、他はやらないということです。

しかし、「しか」「だけ」にするには、覚悟がいります。信念がいります。勇気がいります。**「しか」「だけ」にするには、そこに信念、決意が必要になります。**

できたら、あなたの日常の会話の中でも「しか」「だけ」を使ってみてください。「今日はここしかやらない」「今月はこれだけに特化する」。この「しか」、「だけ」の発想で行動するほうが、あれもこれもやろうとするより、成果が出やすくなるものです。

「しか」「だけ」経営を目指す

「これしかやらない」　「これだけやり続ける」

「これしか」「これだけ」と特化して
やり続けることで成果が出やすくなる。

39 成功しやすい事業はどれ？

以下の3つの事業の中で、成功しやすいのはどれでしょうか？

①コーヒーショップ、②パスタ専門店、③中華料理店

食材の絞り込みの視点から言えば、答えは、食材が少なくて済む①→②→③の順。

極端な話をすれば、①コーヒーショップの材料はお湯と豆だけ。②スパゲッティ店の材料ならパスタとソースだけと数が少なくて済みます。しかし、③中華料理店は八宝菜を作るだけで、肉、エビ、イカ、キノコ、野菜……とたくさんの材料が必要になります。

50種類もあるような材料を仕入れて、保存して、料理して、あまった材料を腐らないようにするだけで大変な手間です。さらに、立地、内装、食器、メニューなどで、問題が起こりやすくなる。だからこそ、はじめは**絞り込んでシンプルにやるほうがうまくいきます**。

新幹線の車内では「温かいコーヒーいかがですか？」とポットからコップに注いで、一杯300円です。粗利益は90％以上でしょう。

最も成功しやすい事業はどれか？

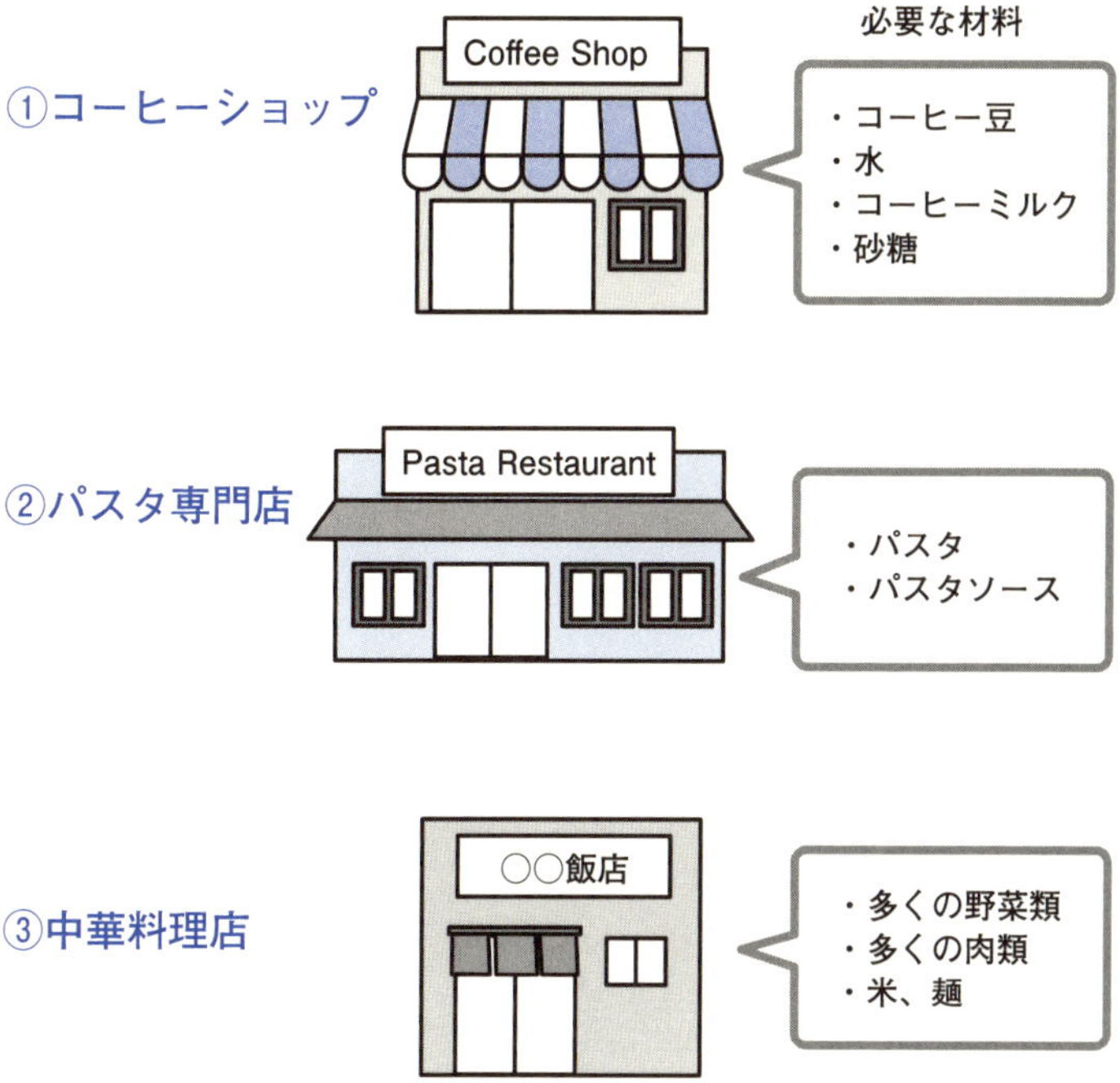
必要な材料
①コーヒーショップ
Coffee Shop
・コーヒー豆
・水
・コーヒーミルク
・砂糖
②パスタ専門店
Pasta Restaurant
・パスタ
・パスタソース
③中華料理店
○○飯店
・多くの野菜類
・多くの肉類
・米、麺

食材の絞り込みの観点から言えば、
①→②→③の順番に成功しやすい。
材料の廃棄ロスなどが少なくなるから。

40 松井証券は証券業界のランチェスター

証券業界でランチェスター戦略で成功しているのは、松井証券です。

いわゆる一般的な中堅の証券会社だった松井証券は、インターネット専業の証券会社として初めて一部上場します。他の証券会社と同じことをしていたら不可能だったでしょう。

業界の風雲児と言われる松井道夫社長の著書『**みんなが西向きゃ俺は東**』のタイトルどおり、経営では、人と違うことをする戦略のオンパレード。インターネット取引だけに特化し、営業マンは持たない。個人取引だけに特化し、法人顧客には対応しない。手数料体系は「ボックスレート」（一日の約定代金合計額が10万円以下なら手数料無料）だけを業界で初めて導入し、一日の取引金額が多いアクティブな投資家を対象としました。

「自分たちが損をすることを考えろ」との発想から商品開発をする会社ですが、経常利益率は約40％以上と業界トップクラスを維持しています。人と同じことをしていたら、上場もしていないし、今のような好業績ではなかったはずです。

松井証券のランチェスター戦略

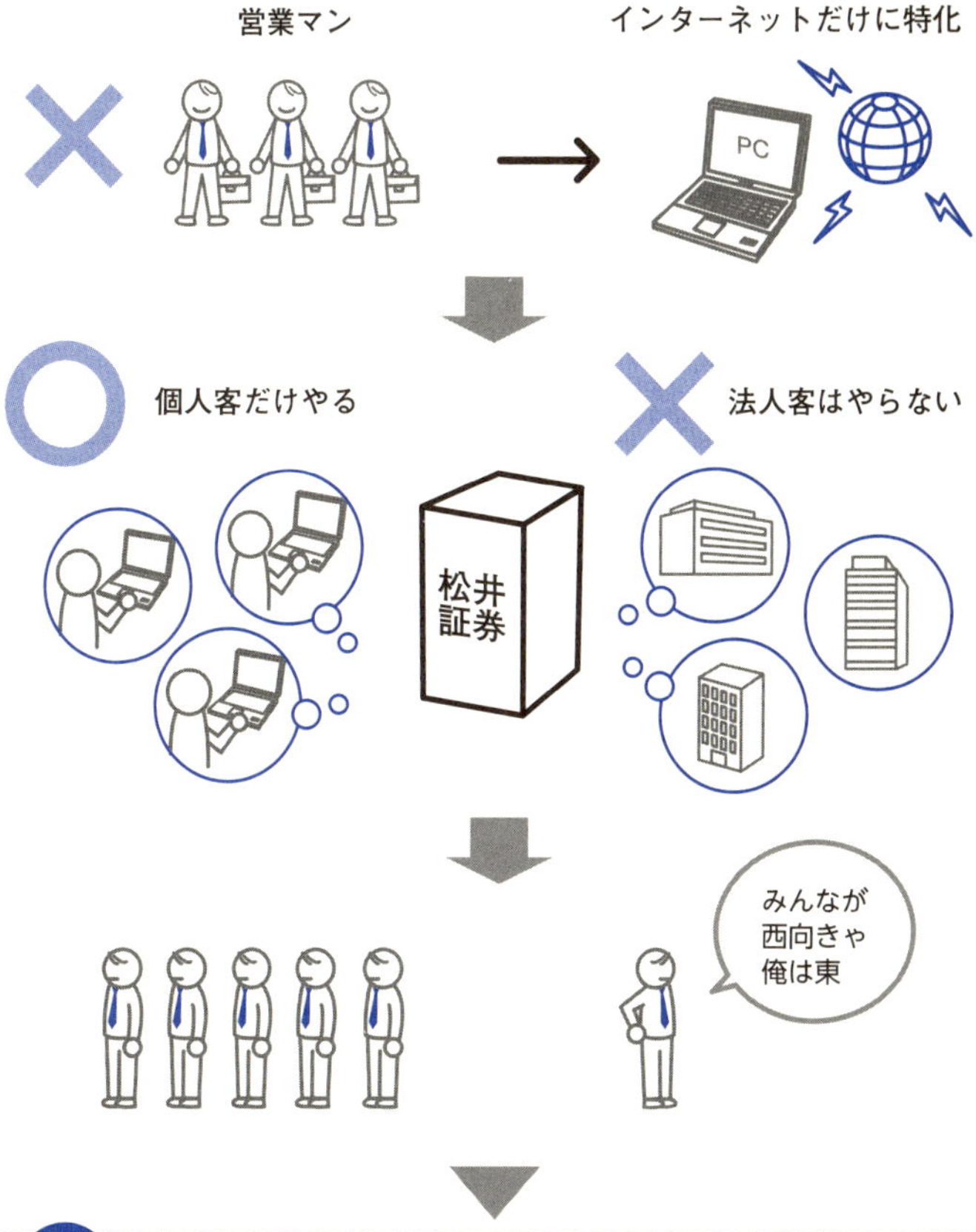
営業マン
インターネットだけに特化
PC
個人客だけやる
法人客はやらない
松井
証券
みんなが
西向きゃ
俺は東

みんなと同じことはやらない。
あえて、違う道を行くことで差別化をする。

41 ハーゲンダッツはランチェスターで勝ち組に！

市場全体があまり伸びない中で、どのようにして生き残ればいいのかの模範解答、つまり優良ケーススタディがハーゲンダッツです。たとえ縮小するアイスクリーム市場であっても、**高級アイスクリームに特化して市場占有率約75％**、ランチェスター戦略でいう一人勝ちの状態を維持しています。

アイスクリームは子どもの食べ物という領域から、ハーゲンダッツは大人の高級なアイスクリームという領域に特化しています。もともと、同業他社はアイスクリーム、チョコレート、ヨーグルトなど商品群の多角化をする中で、ハーゲンダッツはアイスクリームだけしかやらない。さらに商品は、２００〜３００円のプレミアムアイスだけ。でも、商品の種類は多品種をそろえる、というやり方です。

ＣＭも高級感を出し、イメージづくりも万全です。ちょっと高いのですが「２００円ならまあいいか、たまにはね」と納得してもらいやすいのも、No.１だからです。

ハーゲンダッツのランチェスター戦略

アイスクリーム類及び氷菓販売金額の推移

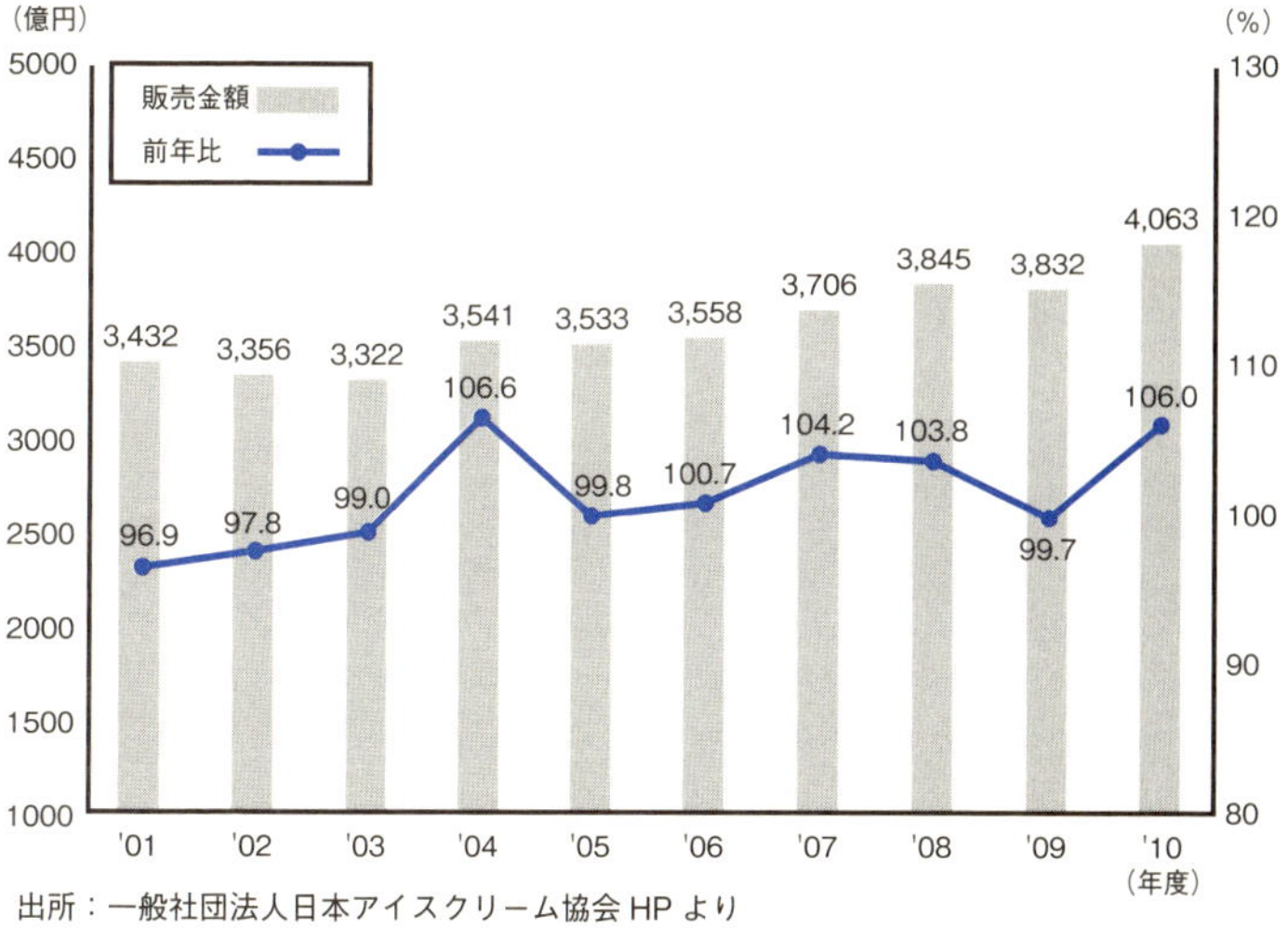

出所：一般社団法人日本アイスクリーム協会 HP より
http://www.icecream.or.jp/data/04/statistics01.html

高級アイスクリーム市場で市場占有率 75%の一人勝ち状態！　これぞランチェスターの見本。

42 H.I.S.はランチェスター戦略そのもの

海外格安航空券の販売ならNo.1はH.I.S.です。創業者の澤田秀雄氏は創業当時から、当時メジャーだった国内のパッケージツアーで勝負するのではなく、海外格安航空券の販売でダントツNo.1を目指しました。

理由は、**No.1になれば自分の力の2倍、3倍もの力を発揮でき、一気にナンバーツーを引き離せ、決定的な立場に立てるからです**。そして、認知度が上がり、ブランドとなり、価格主導権を持つことができるようになります。さらにルールを変えることができるようになるからです。

例えば、添乗員付きの自由度の少ない団体旅行というパッケージツアーが当たり前というルールから、添乗員なしの自由度の高い個人旅行を可能にし、旅行のルールを変えてしまいました。これこそがNo.1が可能にした**旅行業界のイノベーション**。H.I.S.は、旅行業界全体でNo.1の会社ではないのです。海外格安航空券という領域でNo.1なのです。

H.I.S.はランチェスター戦略そのもの

	ふつうの旅行会社	H.I.S.
エリア	国内・海外	海外
顧客	団体	個人
添乗員	あり	なし
商品	パッケージツアー	海外 格安航空券のみに 特化して成長
行き先	ハワイなどの 伝統的リゾート地	バリ島 タイなど 新興リゾート地

！ 海外格安航空券ならH.I.S.
ふつうの会社と違うことをする（差別化）。

43 ザ・プレミアム・モルツは、ランチェスター戦略で赤字を黒字に転換した！

ビール市場は、この15年で市場が58％減りました（1996～2010年）。その激減する市場の中で、過去6年で売上を20倍以上伸ばし、サントリーで45年続いたビール事業の赤字を黒字にした立役者がザ・プレミアム・モルツです。

サントリーが会社を挙げて世に問うプレミアムビールという理念のもと、「やってみなはれ」の精神で**プレミアムビール市場というニッチ市場に特化してNo.1になりました**。ここでは、**たくさんの差別化戦略**が実践されています。モンドセレクション最高金賞受賞のちょっと高くて品質のいいビールという高級化。平日ではなく、週末の自分へのご褒美で飲むという飲み分けスタイルでの差別化。また、高級化に伴って市場開拓エリアは、高級飲食店街の銀座に一点集中。さらに、もらってうれしい贈り物としてザ・プレミアム・モルツを父の日にと、贈答用の市場を開拓。高級化すれば販売店も利益率が高いので販売面積も通常の3倍以上と、ランチェスター戦略の個別撃破で快進撃を続けています。

ザ・プレミアム・モルツのランチェスター戦略

「ザ・プレミアム・モルツ」の年別販売実績推移

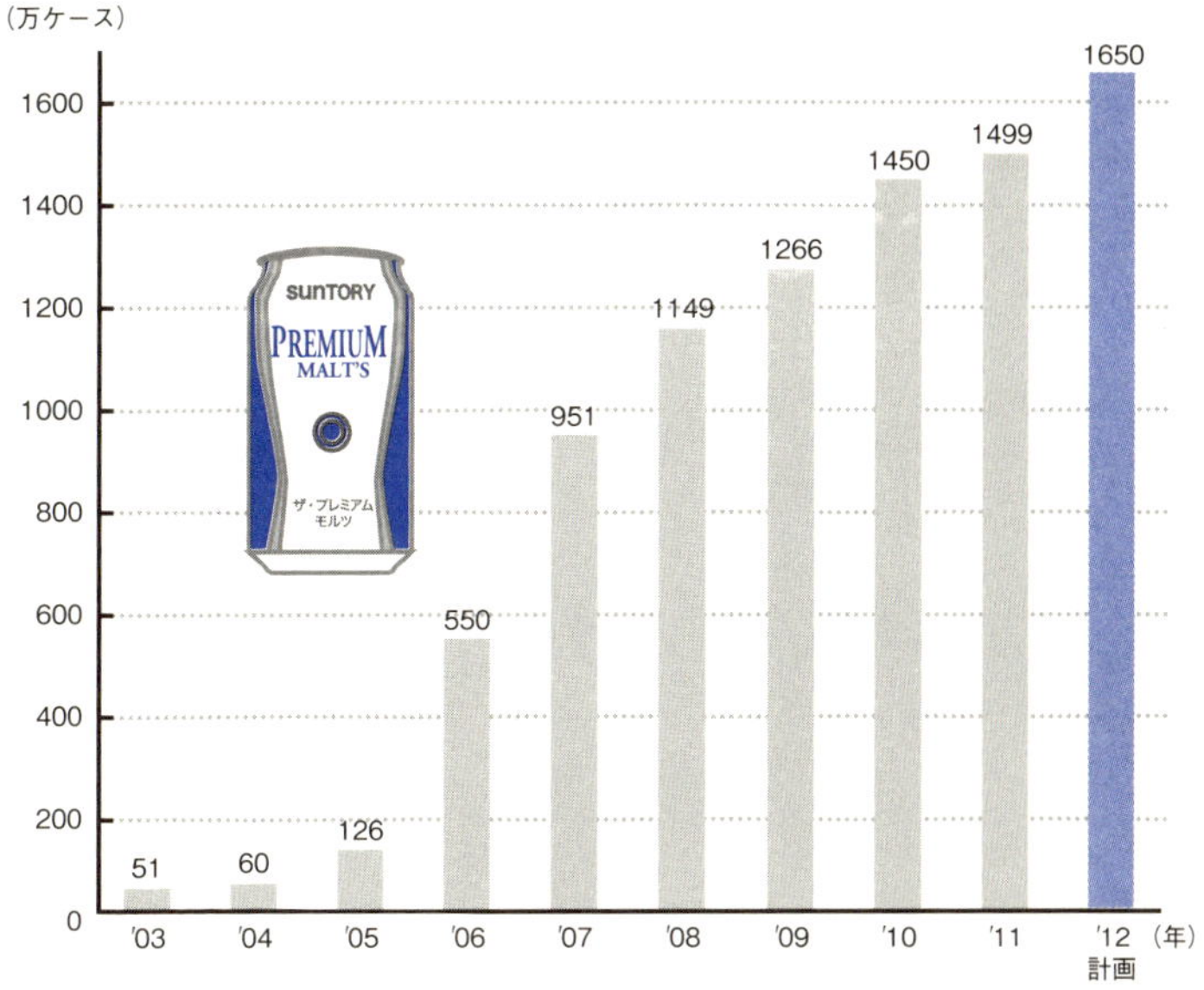

出所：サントリー広報資料より

ザ・プレミアム・モルツの差別化戦略

1. ちょっと高くて品質のいいビール
2. 週末に自分のご褒美に飲むビール
3. 高級飲食店街の銀座に置いてあるビール
4. 贈り物にもらってうれしいビール

44 「〜といえば○○」ランチェスターでいこう！ 地方再生も

地方再生の最も有効な手段の一つとして、ランチェスター戦略があります。やり方はランチェスター戦略の真骨頂であるNo.1戦略です。ある県、ある市は「〜でNo.1」、つまり日本一となることです。つまり、**「〜といえばあの市」**となるのです。

箱根といえば温泉、熱海といえば温泉と梅。東京から近くて行きたい温泉地としてNo.1のようです。また、函館といえばイカ、香川といえばうどん、熊本といえば馬刺し、のように文化として地域に根差している食べ物でNo.1になるのもグッドです。

そういった地域のNo.1をもっと磨いて、世界中から人が来るようにすれば、さらにいい。「カジノといえばラスベガス」のようになります。あなた個人の体験からも考えてみてください。「せっかく行くならいいところにしよう、No.1にしよう」と思うものです。アジアで18番目にいいホテルと言われてもパッとしません。やっぱり一流が選ばれるのです。だから、まずは、日本一を目指して「〜といえば○○」になることです。

地方再生のカギはランチェスターにあり！

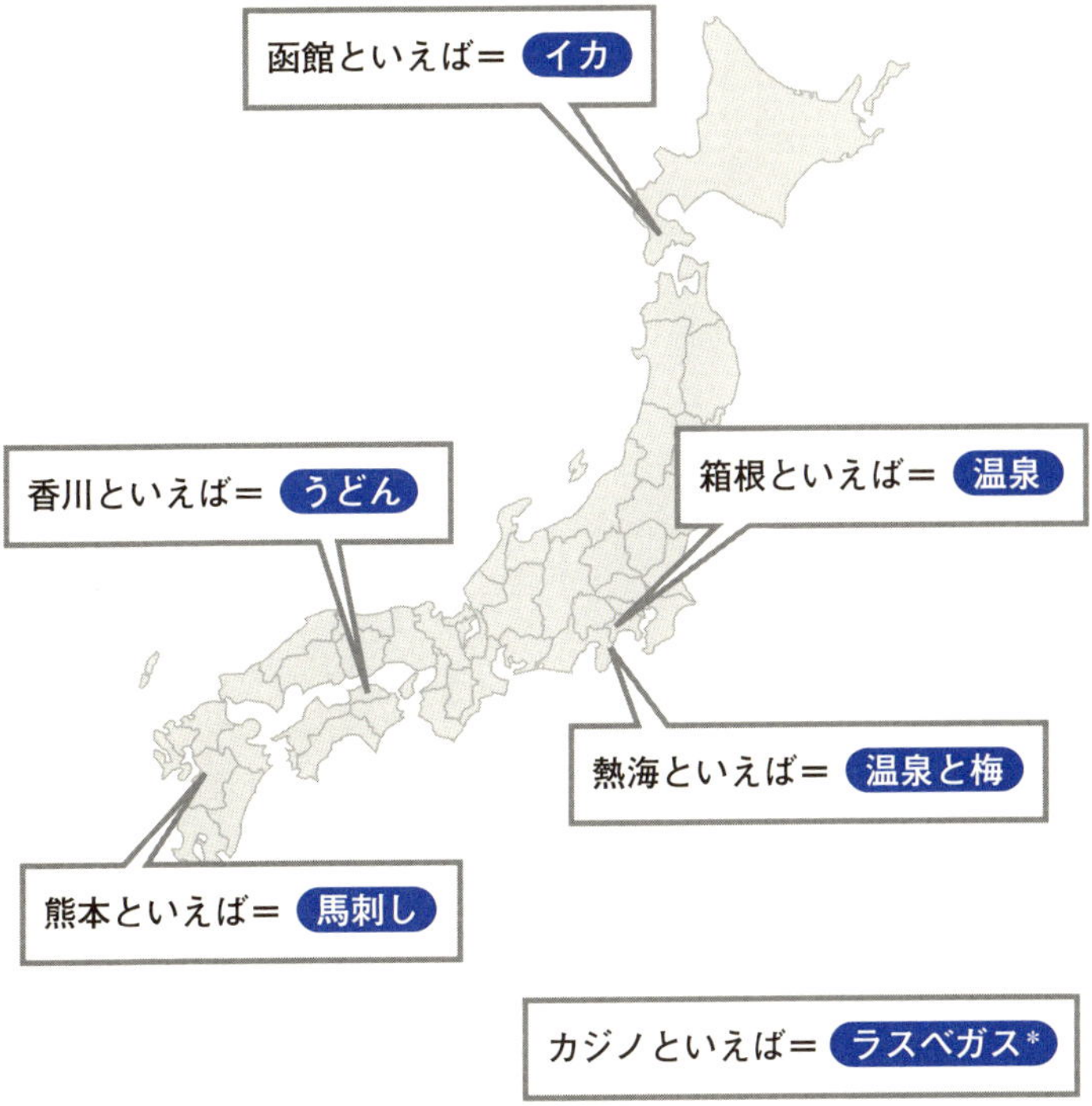
函館といえば＝ イカ
香川といえば＝ うどん
箱根といえば＝ 温泉
熱海といえば＝ 温泉と梅
熊本といえば＝ 馬刺し
カジノといえば＝ ラスベガス*

日本一を目指して、「〜といえば○○」と、思い出してもらえる存在になれば強い！

＊ただの砂漠だったラスベガスは、たった一人の男の思いから今のカジノの町となった。人口200万人。映画『バグジー』（参考）。

PART 3

あなたの仕事にもっと活かす！ランチェスター戦略・応用編33の原則

45

上位20％のいい原因に一点集中する

あなたもご存じのパレートの法則によれば、**上位20％の原因が80％の結果をつくる**といいます。商品が１００あれば上位20％の商品で売上の80％となり、社員が１００人いれば、上位20人で売上の80％をつくり出すということです。同じように自分の一日の時間でも上位20％の時間で成果の80％を得ているということです。

そして、下位20％の商品が80％のクレームを起こすとも言えます。下位20％の社員が問題の80％を起こすのです。上位20％のいい原因が80％のいい結果を起こすように、下位20％の悪い原因が80％の悪い結果を起こすことになるのです。

ランチェスター戦略では、上位20％のいい原因に一点集中していい結果を増やし、下位20％の悪い原因については、やらない決断をすることで悪い結果を減らすのです。つまり、**いいことは増やし、悪いことは捨てる勇気をもって減らすのです。**

上位20%のいい原因に一点集中する

■商品と売上

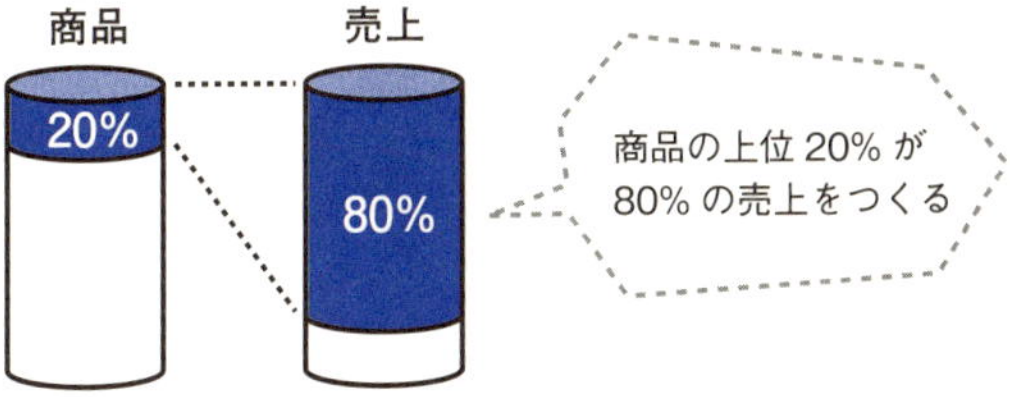
商品
売上
20%
80%
商品の上位20%が
80%の売上をつくる

■時間と成果

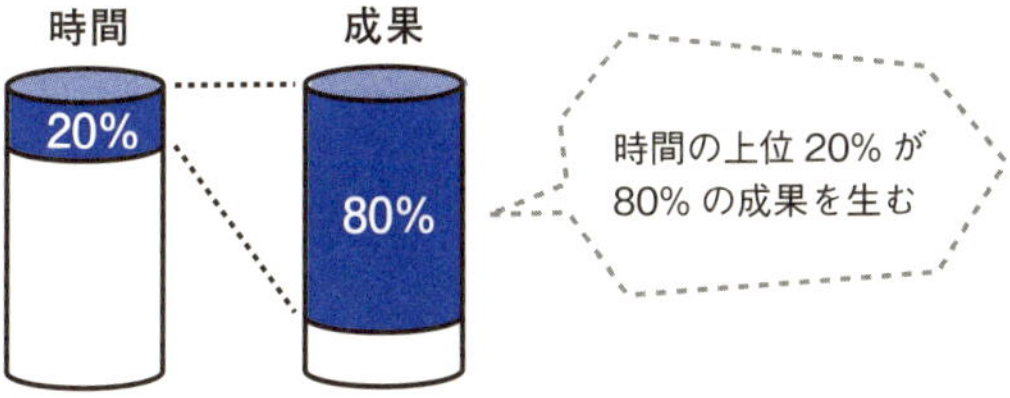
時間
成果
20%
80%
時間の上位20%が
80%の成果を生む

いいところだけに
集中する！
20%
80%

46
営業の差別化戦略
～①どこ、②だれ、③なにの3つの視点

営業ほど戦略が必要な職種はありません。しかし、営業ほど戦略を持っていない人が多い職種もありません。気合や、ひらめきや、カンで月末だけ頑張る人のなんと多いことか。

また、それを自慢げに話す人も少なくない。もっと計画性を持てばいいのにと思います。**その計画性こそが戦略**です。**戦略とは戦う計画**のことです。人と違う差別化をするためにどんな視点で計画を立てたらいいのかのヒントは、一点集中でお話しした3つです。

それは、①どこ、②だれ、③なに、つまり、①エリア戦略、②顧客戦略、③商品戦略の3つの視点を持つことが大切です。難しい理論はたくさんありますが、まずはシンプルにこの3つを覚えておいてください。

差別化は、何を、どうの切り口で3つの違いをつくるとお話ししました。ですから、どこ、だれ、なにの3つに対して、どう違いをつくるのかを決めればシンプルな差別化戦略の出来上がりです。

①どこ、②だれ、③なにの3つで差別化する

1. どこ＝半径30分以内だけを
2. だれ＝中小企業だけを
3. なに＝会計システムのパッケージソフトだけを

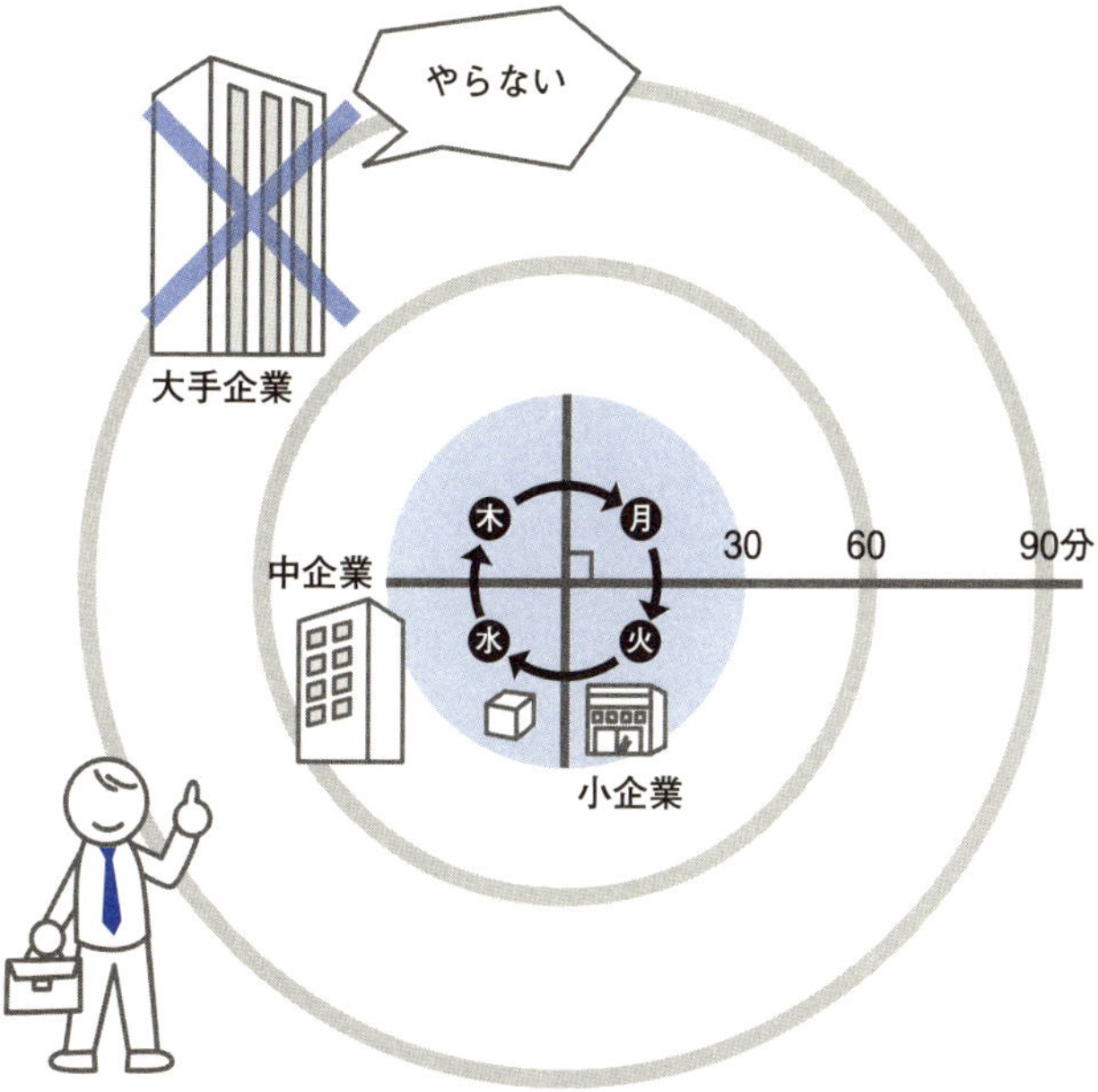

戦略とは戦う計画のこと。

47 エリアを絞り込む方法 その1 30分以内だけをやる

どこ＝エリア戦略で最も簡単で、最も効果が高いのはエリアを絞り込むことです。拠点から30分以内のところだけをやることです。それ以外はやらないのです。

「ウチはどこのエリアもやります」を「ウチは横浜市中区しかやりません」に変えてほしいのです。普通は「どこでもやります」のほうが受けがよく、「～しかやりません」は受けがよくありません。

しかし、現実は**「～しかやりません」のほうがより効果的で、より親切になるのです。**

理由は、移動時間が減り、実際のサービスの提供時間が増えるからです。

「そうはいってもなかなかね」というあなた。まず、移動時間と訪問先時間の実績を確認してください。何の計画もなく、あっちこっちに行くことで失っている時間が労働時間の半分という人がたくさんいます。範囲を絞り込んで一点集中で徹底できていない人は、モノが捨てられない人と同じで勇気がないのです。計画性や決断力の根本は勇気ですから。

エリアを絞り込む

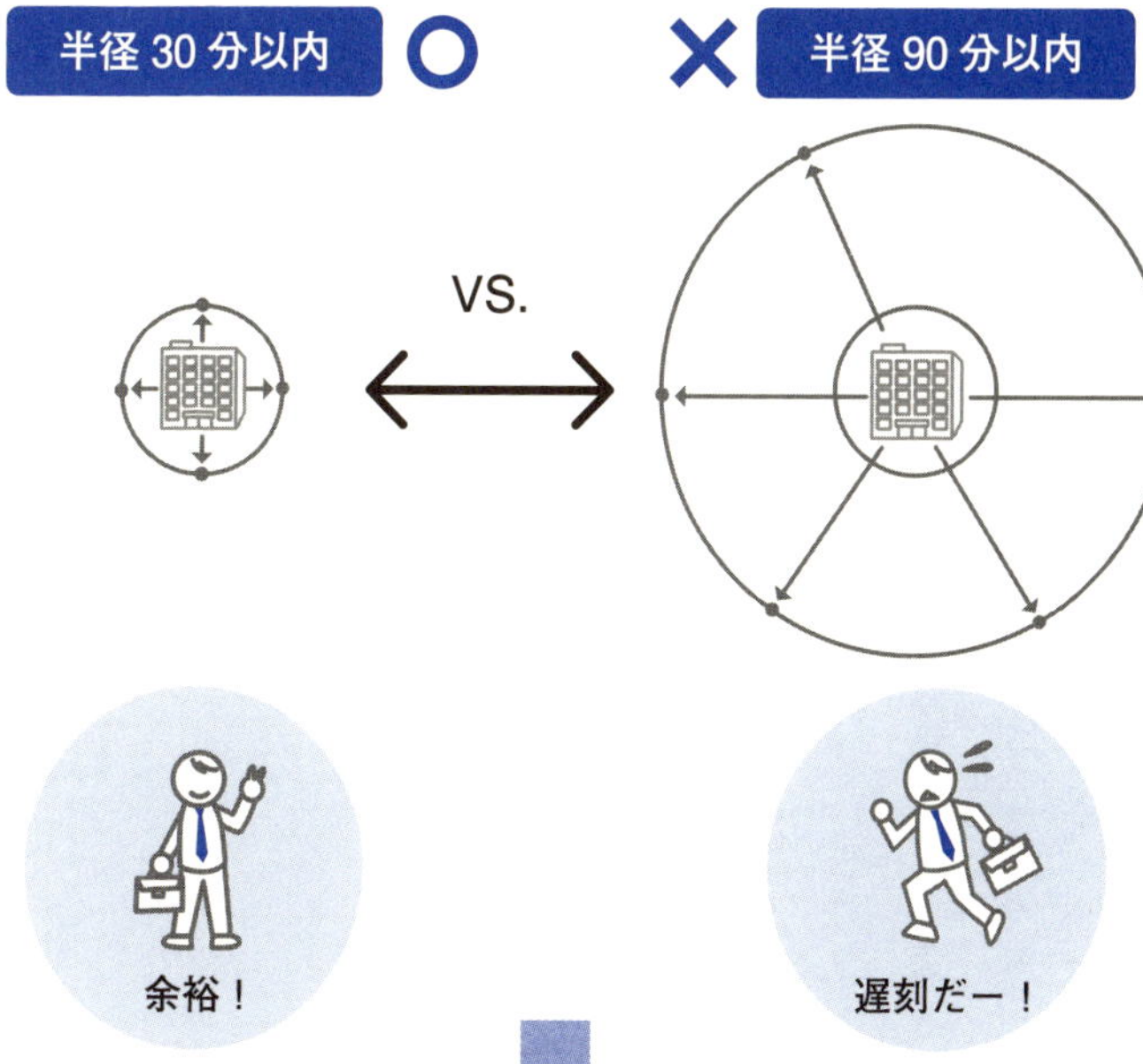
半径30分以内 ○
× 半径90分以内
VS.
余裕！
遅刻だー！

半径（分）	時間（倍）	面積（倍）
30	1	1
60	2	4
90	3	9

！ 移動時間と訪問先時間の実績を確認しよう。

48 エリアを絞り込む方法 その2 広げると負ける

エリア戦略とは時間戦略です。エリアを広げれば、移動するのに時間がかかります。時間戦略とは移動戦略でもあるのです。例えば、片道6時間の移動で往復すれば12時間かかりますから、ほぼ一日の時間を使ったことになります。

戦争でも戦線を広げると、人や物資の移動が増え、守りの手も薄くなりリスクが増えます。広げると負けると言われるゆえんです。営業もまったく同じです。円の半径が倍になれば、面積はπr二乗になるのと同じで、守備範囲は二乗法則で広がります。

つまり、広げれば広げるだけ手に負えなくなるのです。**営業の成果は、訪問の量×質**で表されます。守備範囲が広いと移動時間は多くなりますが、訪問件数、訪問時間ともに減ります。そして、移動時間の分を取り戻そうとして焦り、長い時間働き、疲れがたまる悪循環に陥ります。成果を生む、実際の商談時間を増やすために、移動時間をどう減らすのかを考え、戦略を立てることがエリア戦略となるのです。

エリア戦略とは時間戦略です

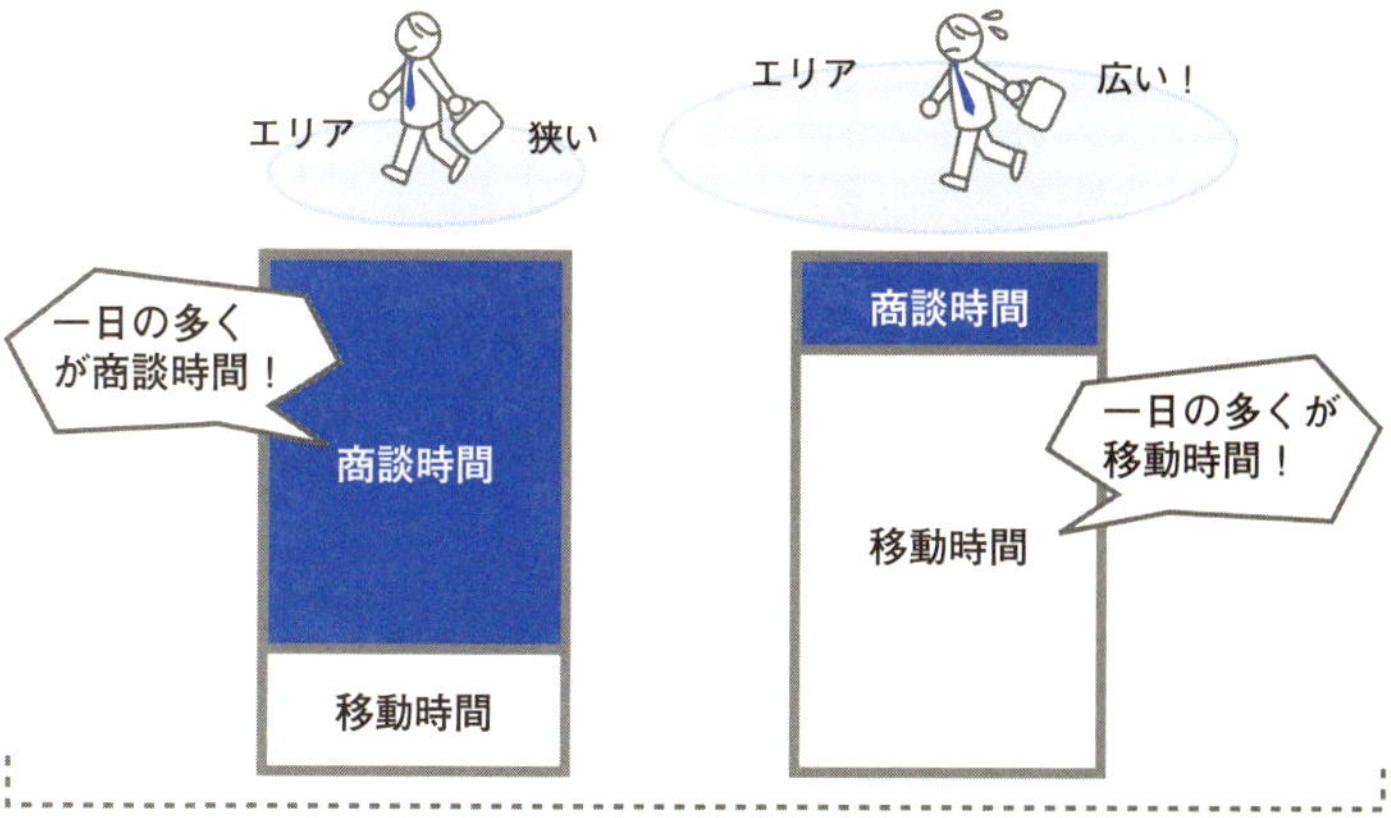
エリア
狭い
一日の多く
が商談時間！
商談時間
移動時間
エリア
広い！
商談時間
一日の多くが
移動時間！
移動時間

▼

営業の成果 ＝ 訪問の量 × 質

▼

守備範囲が広いと移動時間が増え、
訪問件数、訪問時間も減る

▼

**！ 移動時間をどう減らすのかを考え、
戦略を立てることがエリア戦略。**

49 顧客を絞り込む方法 その1

もっとも重要な顧客はだれ？

「最も重要な事柄が、最も些末な事柄の犠牲になってはならない」とは、ゲーテの言葉です。最も重要な顧客を最も大切にすべきですが、現実は多くの企業でそれができていません。営業マンなら、過去1年の自分の顧客リストを作り、売上実績順に並べてください。

自分にとって最も重要な顧客はだれかを、数字で正確につかんでください。「あなたにとっての上位20％の顧客は何社ですか？」「ベスト3の顧客名を言ってください」と言われたら即座に答えられるようにしてください。特にベスト3の顧客については売上金額、全体でのシェア（％）も答えられるようになるといいです。

そして、お客様にこう言ってほしいのです。「私にとって御社はとても重要なお客様です。長いおつきあいをしたいと思っています」こう話すことが差別化になります。

私はあなたを大切だと思う、そしてその思いを口に出して相手に伝えることは大切です。これは、重要なお客様に一点集中するからこそ、できることなのです。

顧客を絞り込む

ベスト3で32%

	顧客別売上高リスト(万円)		シェア(%)	累計シェア(%)
1	A社	600	15	15
2	B社	360	9	24
3	C社	320	8	32
4	D社	240	6	38
5	E社	120	3	41
6	F社	80	2	43
			⋮	⋮
合計		4000		

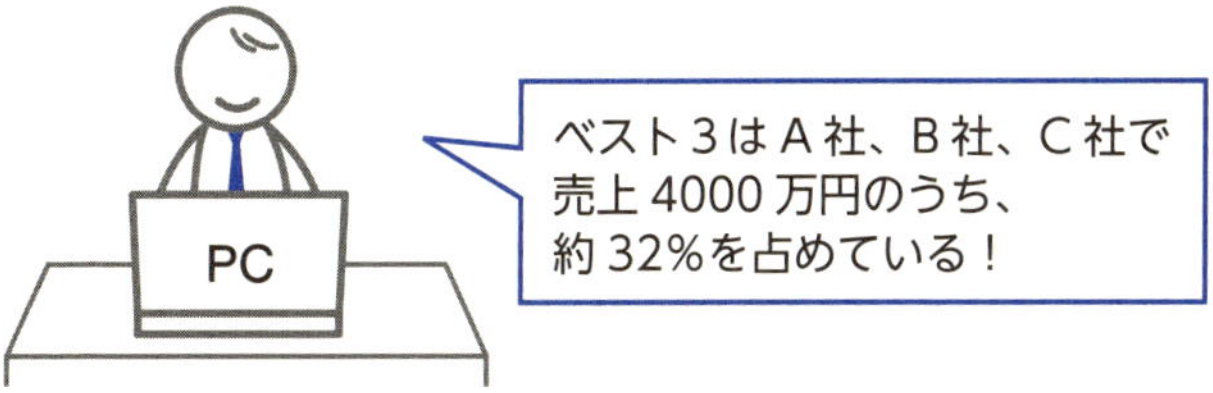
PC
ベスト3はA社、B社、C社で
売上4000万円のうち、
約32%を占めている！

A社担当者
御社は私の最も大切な
お客様です

50 顧客を絞り込む方法 その2 やらない決断をする

一点集中する＝特化＝やらない決断をする。これは言葉ではわかっているのですが、実際にやるとなると、とても難しいことの一つです。例えば、建設業界のお客様に特化するといっても、建築だけではちょっと顧客数が少ない気がして土木もやる。あと内装もあった、それに空調関係も足しておこうか、まあ電気配線関係も数あるしな、などと言ってあれもこれも足していってしまうものです。よくありますよね、そんなこと。

絞り込むとは足し算ではなく引き算です。これはやらない、これもやらないと引いてゆく、捨ててゆく作業なのです。掃除をする時に、押し入れのものを捨てるのと同じ感覚です。もったいないな、いつか使う時が来るかな、なんて思わないことです。いつかなんて絶対来ませんから安心してください。

ぐずぐず考えていないで、スパッと決断してください。1000円のTシャツ一つ捨てられない人に、顧客の絞り込みはできません。あなたのことです、あなたの……。

顧客を絞り込む【その② やらない決断をする】

ウチはここだけしか
やらない
内装
空調
土木
電気
建築

一点集中 ＝ 特化

やらない決断をする！

51 商品を絞り込む方法

その1 売れ筋商品をさがせ

エリアと顧客を絞り込んだら、次は商品を絞り込みます。まずはいま一番売れている商品に一点集中して売上を伸ばすことです。80：20の法則に従えば、上位20％の商品で売上の80％を売りあげているはずです。一度キチンと検証してください。

さらに、**売上が伸びている商品**もあるはずです。まだ売上金額は少ないけれども売上の伸び率が高い商品です。先月は100個売れたものが、今月は120個も売れている、つまり対前月比120％というような商品です。

もう一つは、あまり派手に売れてはいないが着実に売れていて、**利益率が高い商品**というものもよくあります。旅行会社のツアーで言えば、南米マチュピチュとか南極大陸の旅です。あなたの会社の商品数が1000を超えるような場合は、特に注意してください。あれもこれもやらずに、売れている商品、伸びている商品、利益率の高い商品など、いくつかの切り口で分解して、その中で一点集中して成果を出してください。

商品を絞り込む【その①　売れ筋商品をさがせ】

80：20の法則

↓

上位20%の商品で売上の80%をあげている

↓

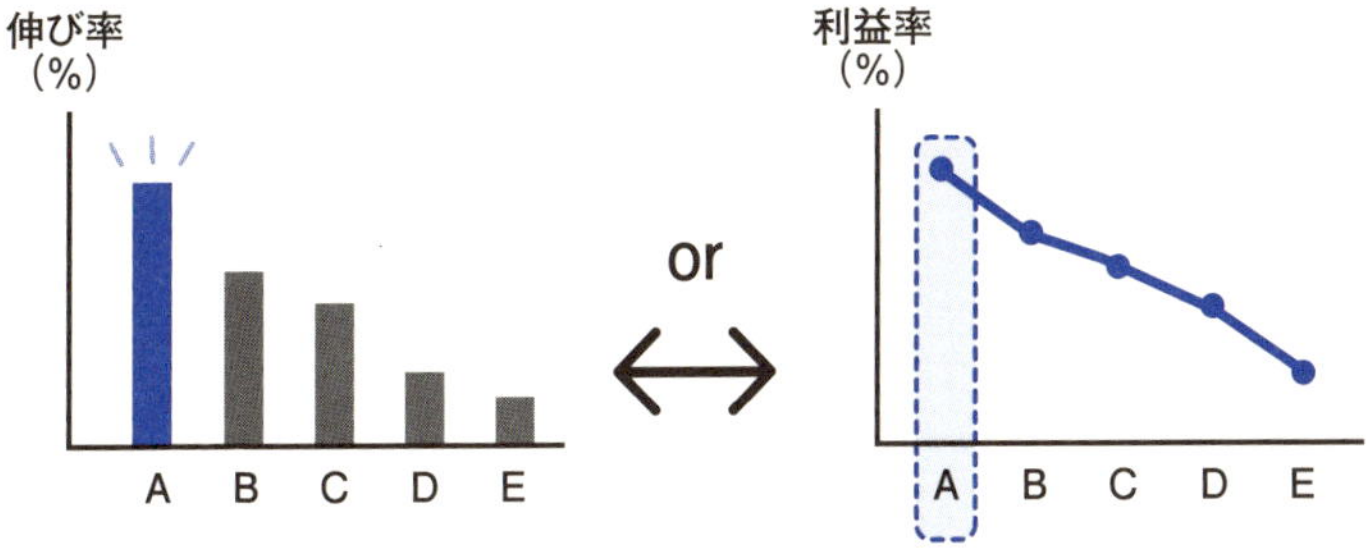

ピーター・ドラッカー氏

多くの大企業が製品ラインの中に1万に近い品目を抱え込むに至っている。そして多くの場合、本当に売れているのは20品目以下である。しかも、それら20品目以下の製品が売れない9980品目のコストを賄うための利益を生まなければならなくなっている。

52 商品を絞り込む方法 その❷ 小さなことに時間をとられない

パレートの法則に従えば、商品数が1000あるときには成果の80%を生み出す上位20%の200品目に特化することが大切です。しかし一方で、問題が出やすい80%を生み出す下位20%の商品に時間が取られることも確かなのです。

例えば、Aさんは上位20%の商品に特化して、下位20%の商品には目をつぶる。一方のBさんは、下位20%の商品に特化して、上位20%の商品には目をつぶる。同じ時間を使ってAさんは上位20%に、Bさんは下位20%に特化して、両方ともある結果が出る。

どちらもそれぞれ成果が出て、それぞれ問題が起こる。

でも、あなたがどちらか一方を選択せよと言われたら、Aさんのほうを選択するのではないでしょうか。なぜなら、**より多くの成果が出るからです**。程度の大小はあるにしても、右をとれば左を失うことになるのです。どちらをとるかはあなた次第ですが、下位20%の小さなことに時間をとられないほうが、いい結果が出ます。

商品を絞り込む【その②　小さなことに時間をとられない】

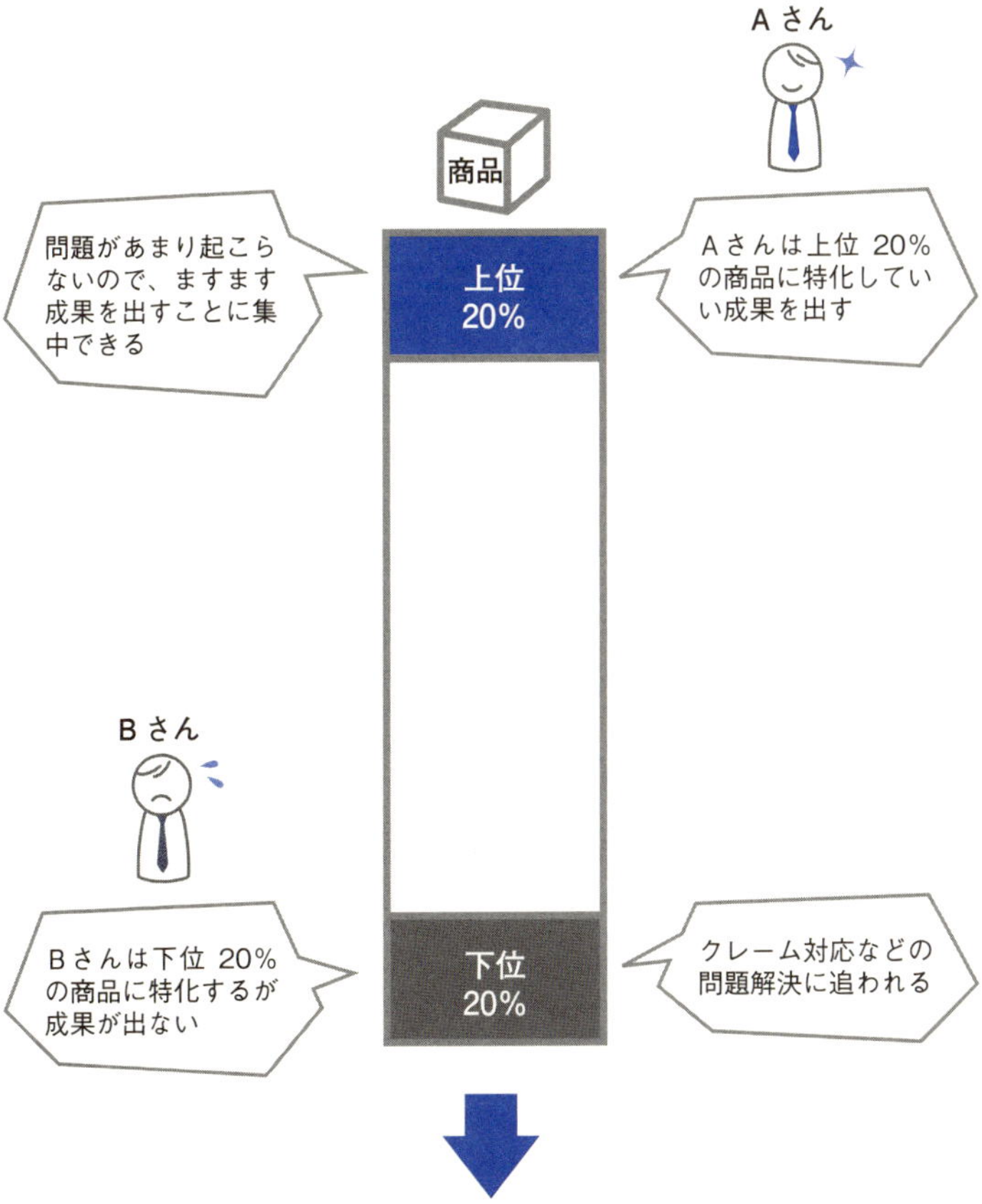
Aさん
商品
問題があまり起こらないので、ますます成果を出すことに集中できる
上位
20%
Aさんは上位 20%の商品に特化していい成果を出す
Bさん
Bさんは下位 20%の商品に特化するが成果が出ない
下位
20%
クレーム対応などの問題解決に追われる

成果が出ることに意識を持つのか？
成果が出にくいことに意識を持つのか？

53 会社紹介の差別化戦略はこうする！

会社紹介の差別化戦略も大切です。社員が「株式会社ＡＢＣの佐藤です」と言うよりも、「医薬業界に特化して、業界№１の実績を持つ広告代理店の株式会社ＡＢＣの佐藤です」のほうが、ランチェスター戦略を活かした言い方になります。

この表現のポイントは、①ある業界に特化している、②業界№１の実績である、の２つです。①の業界特化という表現は専門性を伝え、②の業界№１の実績は信頼性を伝えられます。この**専門性と信頼性**についての表現が、会社としての差別化になります。

毎日、全社員が「医薬業界に特化して、業界№１の実績を持つ広告代理店ＡＢＣの○○です」と言える会社は強いです。会った瞬間に大きな差別化ができます。そのためには、まず社長がそうなろうと思うことです。業界特化していれば専門知識がどんどん蓄積されますから、他社とはさらに差がつきます。さらにお客様からの信用も増えてくるという好循環になっていくわけです。

会社紹介の差別化戦略

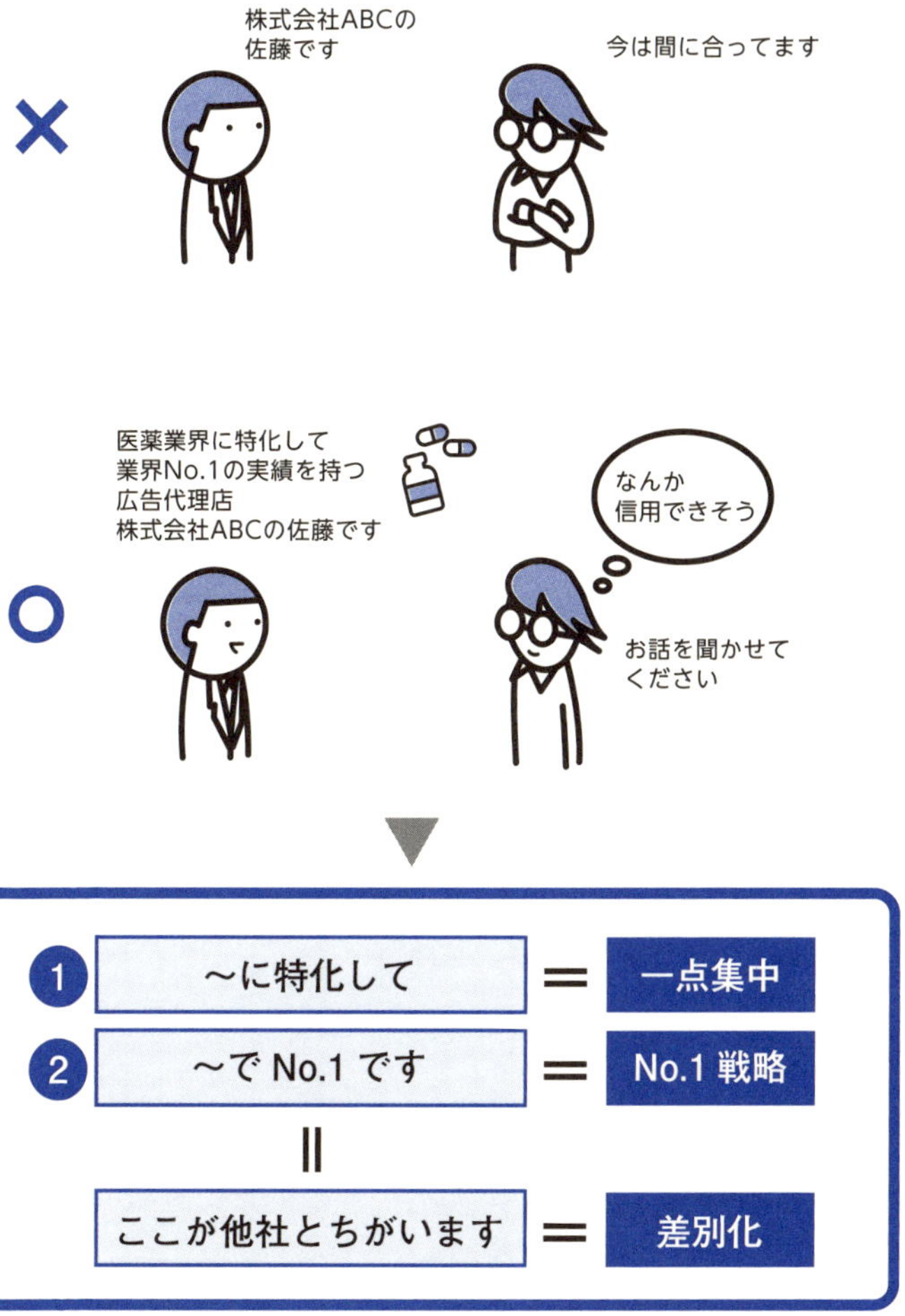
×
株式会社ABCの
佐藤です
今は間に合ってます
○
医薬業界に特化して
業界No.1の実績を持つ
広告代理店
株式会社ABCの佐藤です
なんか
信用できそう
お話を聞かせて
ください
1 ～に特化して ＝ 一点集中
2 ～で No.1 です ＝ No.1 戦略
‖
ここが他社とちがいます ＝ 差別化

54 あっさりしつこくを繰り返す

「あっさりしつこく」と「しつこくあっさり」をお話ししておきます。「あっさりしつこく」とは、**短時間の接触を何度も回数を繰り返すやり方**で、弱者が覚えておきたい方法です。逆に、「しつこくあっさり」とは、長い時間を1回だけ接触するやり方です。

具体的にはどういうことかといいますと、初めて会った時に「こんにちは、アイスありますす」とあっさり言い、2回目には「アイスありますよ」とまたあっさり言う、3回目にも「暑いですね、アイスあります」とあっさり言う。あっさりと1秒で「アイスあります」と3回もしつこく言うということです。これは嫌味がない割に意外と印象に残る。

一方、本来のアポイントの約束は1時間でも、やっととれたアポイントだからと粘って、いつまでも帰らずに居座る営業がいます。しつこい営業。でも、断られるとあっさりと帰って二度と来ない。一度来るとしつこいのですが、その後はあっさりしている。これが「しつこくあっさり」。でも、とても印象が悪いんです。気をつけましょう。

あっさりしつこくを繰り返す

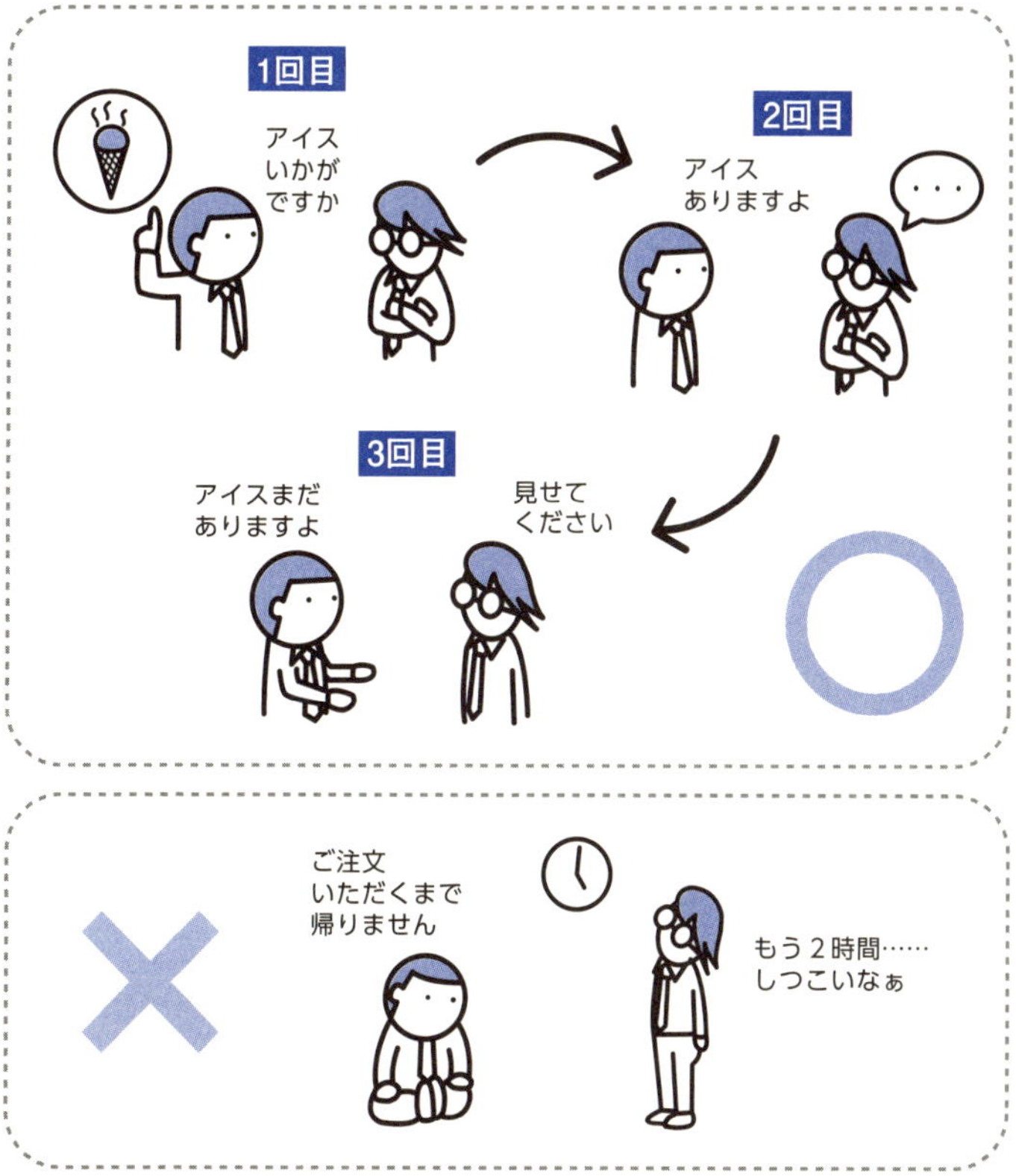
1回目
アイス いかが ですか
2回目
アイス ありますよ
・・・
3回目
アイスまだ ありますよ
見せて ください
ご注文 いただくまで 帰りません
もう2時間…… しつこいなぁ

短時間の接触を何度も繰り返すほうが効果的。

55 仕事で使えるランチェスター戦略
時間・旅行編 その1 ～朝1時間早く出社する。休日に働く、休みの時期をずらす

ランチェスター戦略を活用した、人がやらない時間の使い方の例を3つお話しします。

①朝、人より1時間早く出社する。電車がすいている、会社でも人に邪魔されず集中して仕事ができる、やり続ければ人が尊敬してくれるなどいいことずくめです。

②休日に働く。例えば、人が出たがらない土曜・日曜に働いて、翌週の平日の月曜日に休みをもらいます。そうすれば日曜、月曜と1泊2日で、普段より安く家族旅行に行けます。家族4人、1泊2日で10万円かかる旅行が5万円くらいになることがあります。

③時期をずらす。ディズニーランドには夏休みに行かないことです。6月中旬の梅雨の時期、それも週の真ん中の水曜で人が少ない時期がねらい目です。

この3つはそれぞれ、ほんのちょっとした違いです。知っているよそんなこと、という程度のことなのです。でも、それに気づいて人と違うことをやるかどうかで、人生が大きく変わってくるのです。弱者にとっては、その**小さな積み重ねが大きな差を生む**のです。

仕事で使えるランチェスター戦略【時間・旅行編　その①】

人がやらない時間の使い方

1. 朝、人より1時間早く出社する
2. 休日に働く
3. 時期をずらす

！ この一つひとつの小さな積み重ねが大きな差を生む！

56 仕事で使えるランチェスター戦略

時間・旅行編 その❷ ～出張では必要最低限のものだけ持っていく

出張でもランチェスター戦略は使えます。持ち物を一点集中します。つまり、必要最低限のものだけを持っていく。アレコレ持っていかないのです。「移動回数×物の数」が増えると忘れ物をする確率が高くなります。仮に1回の出張で、アポ4件＝乗換え10回×持ち物10個なら100回物を移動させることになってしまいます。だから、バッグと手提げを3つも4つも持っていかないことです。お土産を買っても置き忘れちゃいます。

だから、**絶対にこれだけは持つものを〝3つ〟くらいに絞れば**、どんなに急いでいるときでも忘れません。①名刺入れ（名刺、カード、現金類）、②スマートフォンを両方のポケットの定位置に（場所を変えないことも大切）、③バッグには重要書類のファイル、とこの3つだけはいつも確認する。海外であれば③がパスポート。それ以外はなくしても仕方がないと思うことです。あれもこれも忘れないように、などと思っていると目の前にいる大事な人や出来事に、意識がいかなくなってしまうことがあり本末転倒です。

仕事で使えるランチェスター戦略【時間・旅行編　その②】

❶ 名刺入れ　❷ スマートフォン　❸ 書類

▼

これだけは絶対に持っていくものを絞り込む。

57 仕事で使えるランチェスター戦略

時間・旅行編 その③ ～旅先ではあれこれと欲張らない

海外旅行にランチェスター戦略を使うとどうなるのか？

例えば、ツアーでフランスに行くなら、観光地はパリ市内に一点集中することをお勧めします。せっかくパリまで来たからと、世界遺産のモンサンミッシェルに行きたいのですが、行かないほうが得策です。その理由は、時間戦略からです。フランス滞在時間が3日（72時間）しかないのに、バスの移動で往復8時間を使うのはもったいないからです。エリアを広げると移動に時間をとられ過ぎます。だから、**エリアを絞ってパリの中だけ**を見て回った方が、実際に観光できる時間が大幅に増え、ゆっくりと見て回れます。

もちろん、どうしてもあれもこれも見たい、という人もいるでしょうからお引き止めはしません。しかし、フランス滞在時間のうち半分が移動のバスに乗っていた、なんてことのないように気を付けてください。セーヌ川の畔に一点集中して、キャフェでエスプレッソでも飲みながら、町行くパリっ子を見て過ごすのがランチェスター戦略的です。

仕事で使えるランチェスター戦略【時間・旅行編　その③】

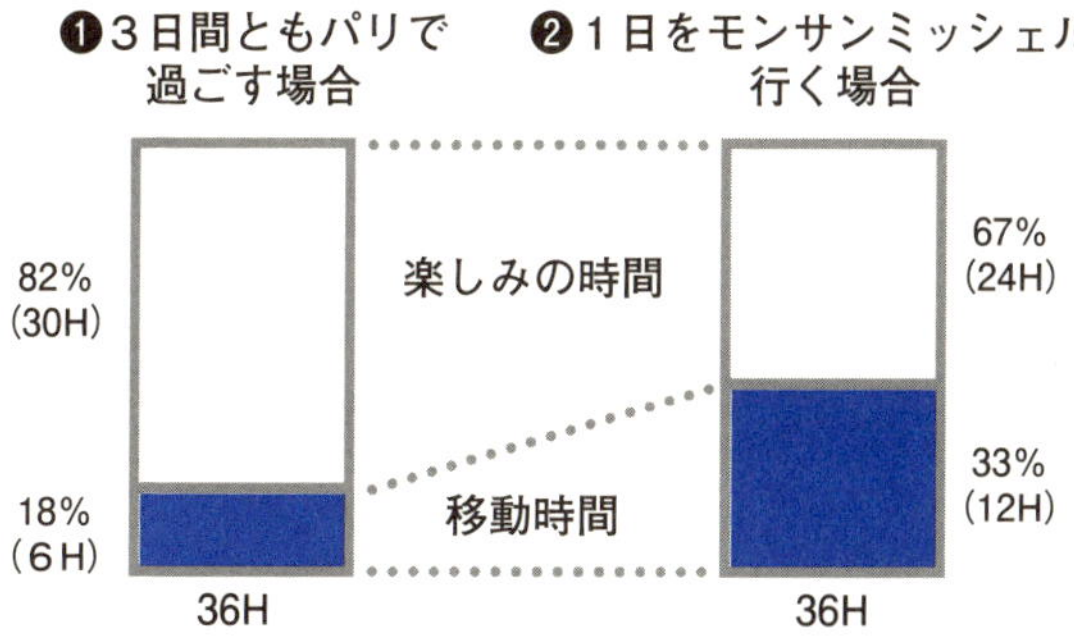
❶3日間ともパリで過ごす場合
❷1日をモンサンミッシェルに行く場合
82%（30H）
18%（6H）
36H
楽しみの時間
移動時間
67%（24H）
33%（12H）
36H

パリ滞在3日間で正味楽しめる時間

1日 12 時間 × 3日 ＝ 36 時間

① 3日間ともパリ市内で過ごした場合の移動時間

2時間 × 3日 ＝ 6時間

② 1日をモンサンミッシェルに行った場合の移動時間

8時間 ＋ 2時間 ＋ 2時間 ＝ 12 時間

▼

！ オレ流、人がやらないやり方で…
本当の楽しみの時間を多くとる（一点集中）。

58 ビジネスパーソンとしての差別化戦略

～人と同じことをしないと決める

「人生とは、重をとり軽を捨てることだ」と昔、予備校の先生が言った時にものすごくカッコよく聞こえて、衝撃を受けました。その人は、大切なことを選択し、つまらないものを捨てる、その選択の連続が人生なのだと言いたかったのだと思います。

その選択の結果が差別化になります。人と同じである安心感と不満足感、人と違っている孤独感と優越感が誰にでも同居しています。しかし、**人と同じことをしていたら、いつまでも人と同じで差別化はできません**。だから、差別化が大切なのです。

では、どのような視点で差別化をしていけばいいのか、そのヒントの一つは「心・技・体」という言葉です。心とは考え方、自分の判断の仕方です。人と同じことをしないと考えること自体が差別化の始まりです。技とは、仕事をするうえで必要となるスキル、知識などのことです。体とは、具体的な実践、何をするのか、どんな経験を積んできたのかということ。この3つの視点について少しお話をしてみたいと思います。

ビジネスパーソンとしての差別化戦略

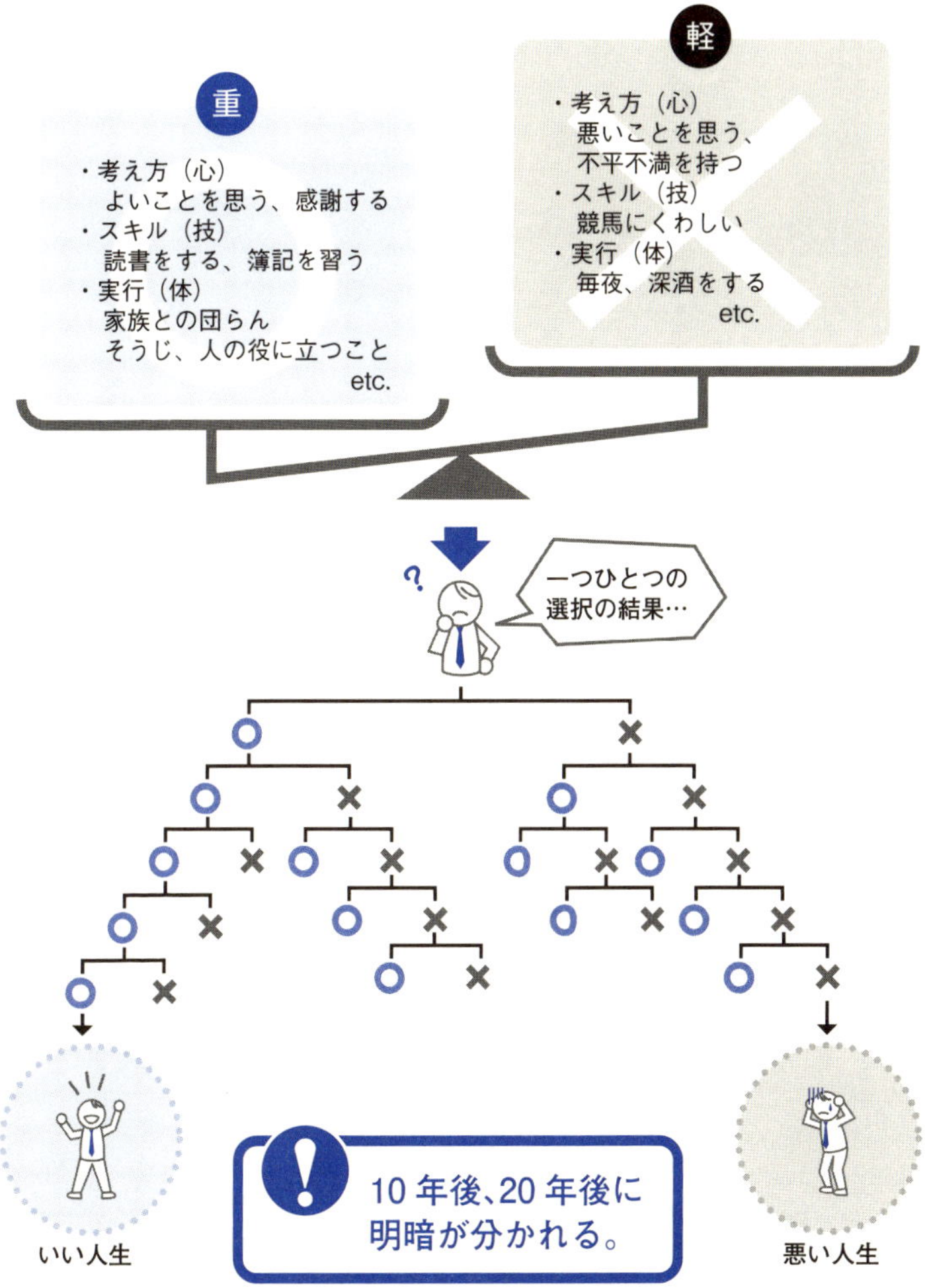
重
・考え方（心）
よいことを思う、感謝する
・スキル（技）
読書をする、簿記を習う
・実行（体）
家族との団らん
そうじ、人の役に立つこと
etc.
軽
・考え方（心）
悪いことを思う、
不平不満を持つ
・スキル（技）
競馬にくわしい
・実行（体）
毎夜、深酒をする
etc.
一つひとつの
選択の結果…
いい人生
10 年後、20 年後に
明暗が分かれる。
悪い人生

59 成功している人ほど、人と違ったことをしている！

差別化の始まりは、まず、差別化しようと思うことなのです。何を当たり前のことを言っているのだと思うかもしれません。しかし、これが大切なのです。いつも、差別化をしようと思うことです。そして、何度も言うようにそれには勇気が必要なのです。

人が右に行ったら私は左。人がハワイに行くなら私はタイへ。一緒に行こうよと言われても一人で行く。人が休むときに私は働く。人がA定食なら、私はB定食。このように、いつも人と違うことをすると意識することです。そうしないと、どうしても人と同じことをする。**人柄のいい人ほど、人と違ったことをすると嫌われると思うのです**。

しかし、成功している人ほど人と違ったことをしているものです。人と違う結果を得るには、人と違う考え方と行動をする必要があるのです。"Think different" 人と違ったことをすることを良しとして考え続けた結果が、アップルのiPhoneやiPadにつながったのだと思います。スティーブジョブズは、日常生活でもちょっと変わっていたはずです。

成功している人ほど、人と違ったことをしている!

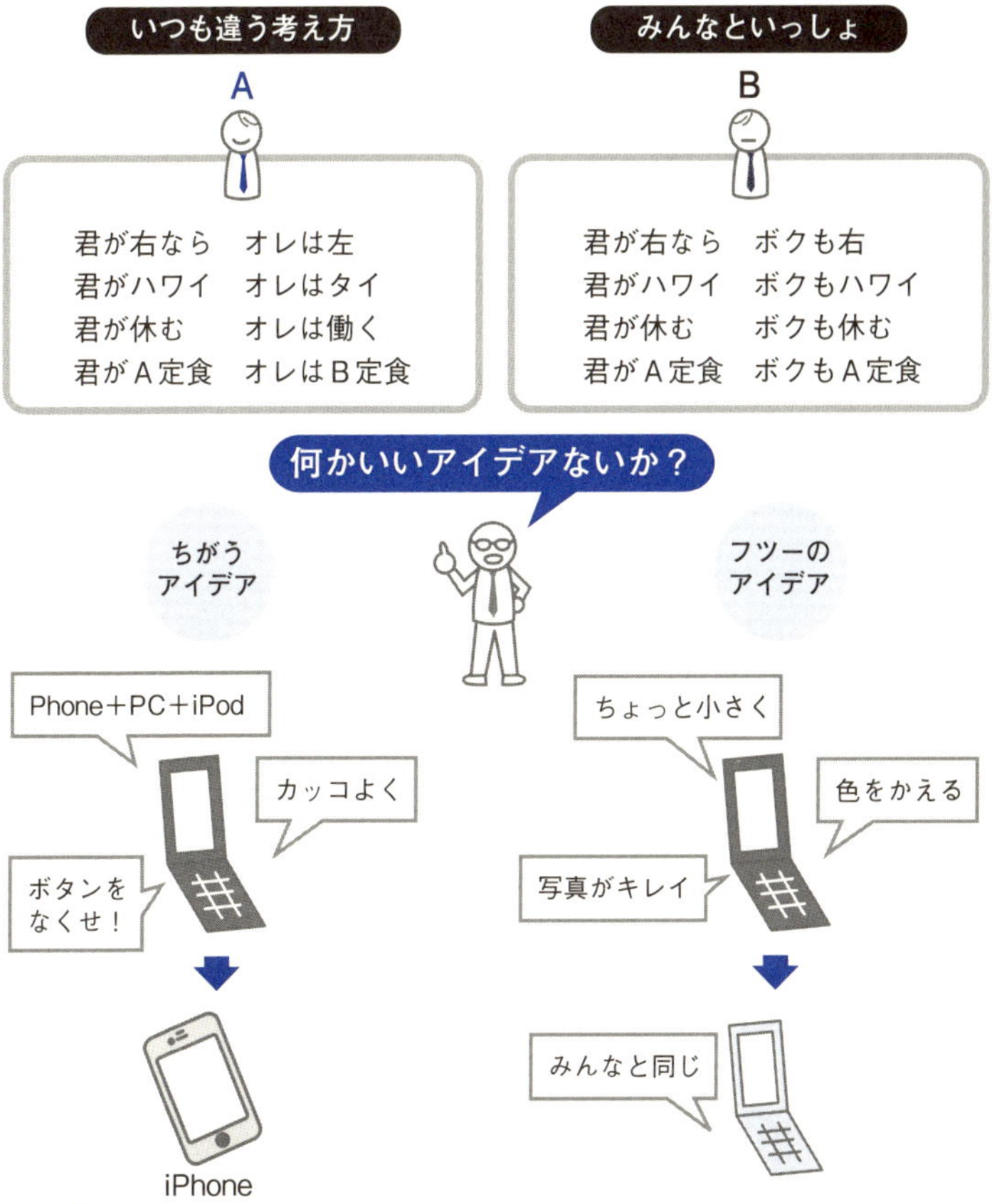
いつも違う考え方
A
君が右なら　オレは左
君がハワイ　オレはタイ
君が休む　オレは働く
君がA定食　オレはB定食
みんなといっしょ
B
君が右なら　ボクも右
君がハワイ　ボクもハワイ
君が休む　ボクも休む
君がA定食　ボクもA定食
何かいいアイデアないか？
ちがう
アイデア
フツーの
アイデア
Phone＋PC＋iPod
カッコよく
ボタンを
なくせ！
iPhone
ちょっと小さく
色をかえる
写真がキレイ
みんなと同じ

人と同じことをしないからこそ、
他人とは違う発想が出てくる！

60 差別化は分散しないで一点集中

ビジネスパーソンであれば、あまり仕事を変えないことも大切です。一つの会社に一点集中してその業界に詳しくなる、その商品に詳しくなると、他の人に追い越されづらくなります。会社でも同じです。去年まで建設業をやっていた会社が、今年からラーメン屋をはじめてもあまりうまくいく気がしません。あのユニクロでさえ野菜の事業からは、早々と撤退しました。

転職をしてもずっと経理だけ、ずっとマーケティングだけしています、という人もいますが、一般的には少ないでしょう。**業種**（人材業、医薬業など）を同じにするか、**職種**（営業職など）を同じにするか、**志向**（会社の立ち上げ時期が好き）を同じにするなどの領域を長い時間をかけて一点集中していくほうが差別化になりやすいのです。

人材ビジネスを一生かけてやっていこう、と考えること自体が差別化の要素となるのです。**考え方、選択の基準が差別化を生み出す**のです。

差別化は分散しないで一点集中

1社目
製造部
2社目
営業部
3社目
経理部

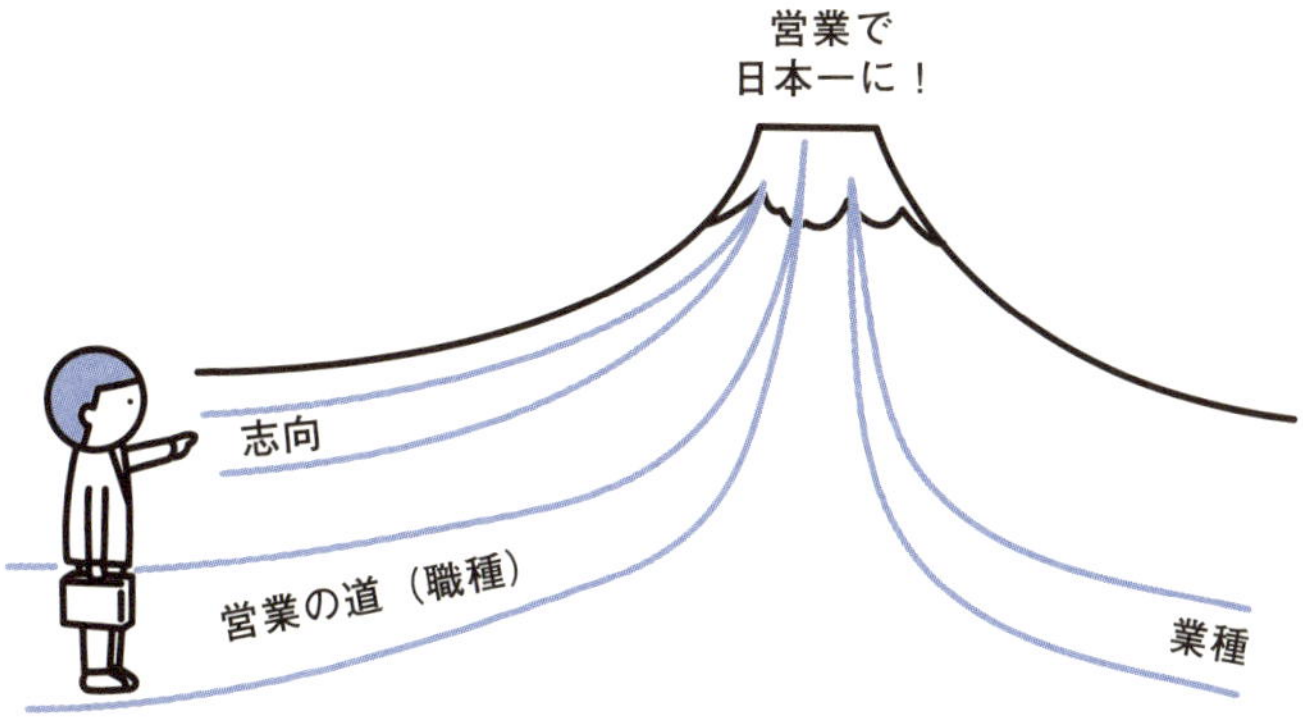
営業で
日本一に！
志向
営業の道（職種）
業種

業種、職種、志向などの切り口で、
長い時間をかける、一点集中＝差別化になる。

61 専門知識を持つことがランチェスターになる

成功している人、優れた業績を出している人の特徴の一つに、専門性があります。ある領域、ある分野においてNo.1の専門知識を持っています。頼む側から考えたら、一番詳しい人に聞きたいに決まっています。困っている人ほど、専門性の高い人に頼みたい。

例えば、脳の手術なら脳外科で世界一の人がいい。手術なら何でもできますという人より、この領域ならこの人、という人を選ぶはずです。また、財産の相続に困っている人ほど、相続の専門家に頼みたい。特に、お金を持っている人ほど、金に糸目は付けないで専門知識を持っている人を探そうとします。

ということは、あなたがしたほうがいいことは、**ある領域に一点集中してNo.1の知識を持つこと**。誰も見向きもしないような狭い領域で、深い、専門性のある知識を身につけることは、万人受けはしません。しかし、本当に必要な人にとっては、こんなに助かる人はいない。本当に感謝される人になる。これこそがランチェスター戦略と言えるのです。

専門知識を持つことがランチェスター

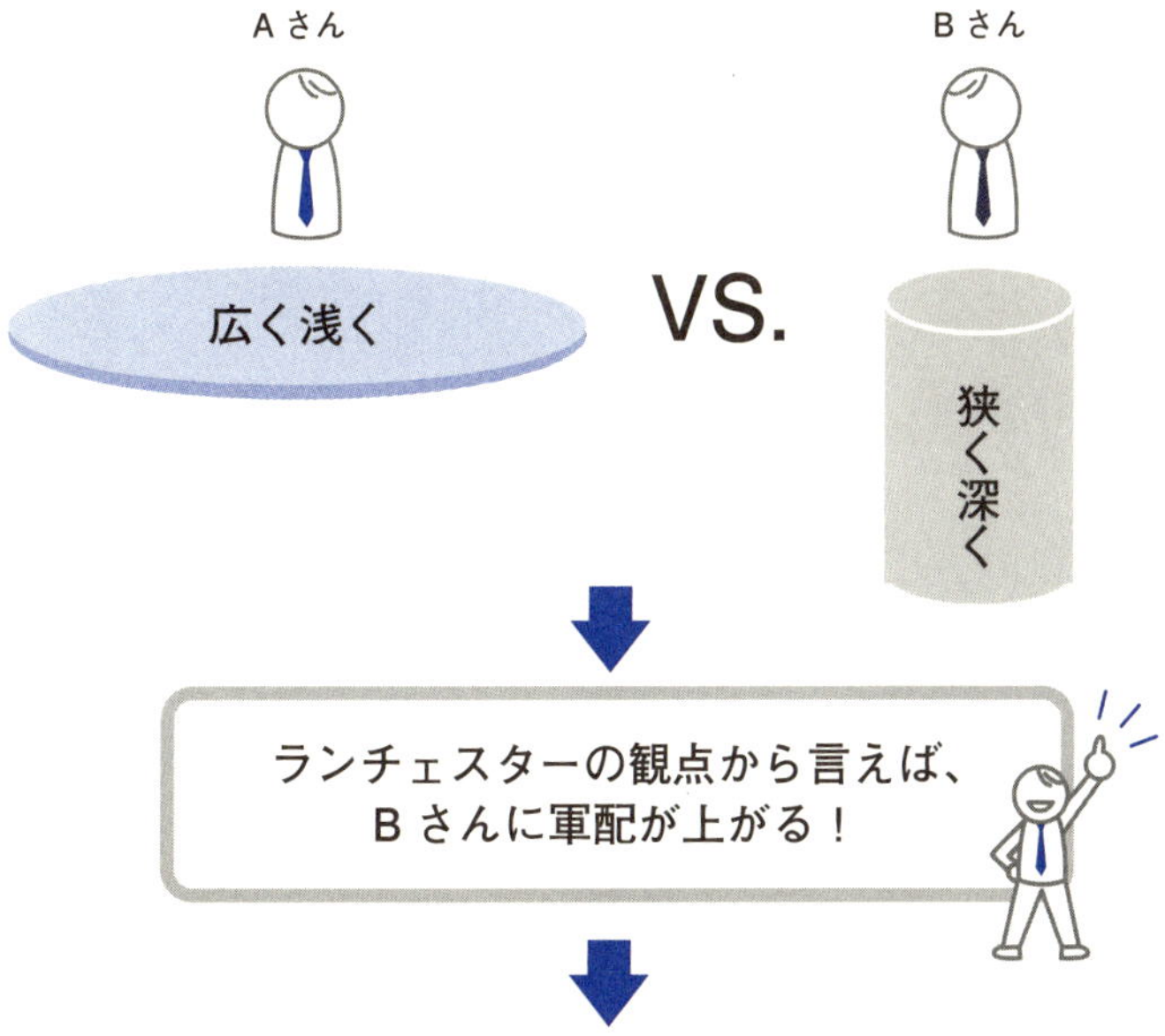
Aさん
Bさん
広く浅く
VS.
狭く深く
ランチェスターの観点から言えば、
Bさんに軍配が上がる！

「マーケティングのことなら○○さん」
「会計のことなら○○さん」
「営業研修のことなら○○さん」
「脳の手術なら○○さん」
「相続税のことなら○○さん」

ある領域に一点集中してNo.1の知識を持とう！

62 万人受けを狙うな！

ランチェスター戦略ではよく、万人受けを狙うなと言います。誰にでも受ける幕の内弁当を作るより、名古屋なら味噌かつ弁当だけに絞り込むようなやり方です。これが実はあなたの人生にも言えるのです。

誰にでも好かれようとして気を使い、疲れ果てて自分をキライになるくらいなら、**嫌われても結構、「私はこういう生き方をしよう」**とすることです。でもこれには勇気がいる。しかし、**皆にいい人は誰の友達でもない**のです。私もあの人のような人気者になりたい、と思うのはいいのですが、ムリをしすぎないことです。

それよりも、数が少なくても自分が自分でいられる友達を一点集中してつくることを勧めます。友達が少ないと淋しくなるものです。でも怖がらずに孤独と戦ってみてください。捨てる勇気が必要なのです。万人受けを狙わずに、味噌かつが好きな人とだけ付き合ってみたらいいのです。そのうち、味噌かつファンが増えるかもしれませんよ。

万人受けを狙わない

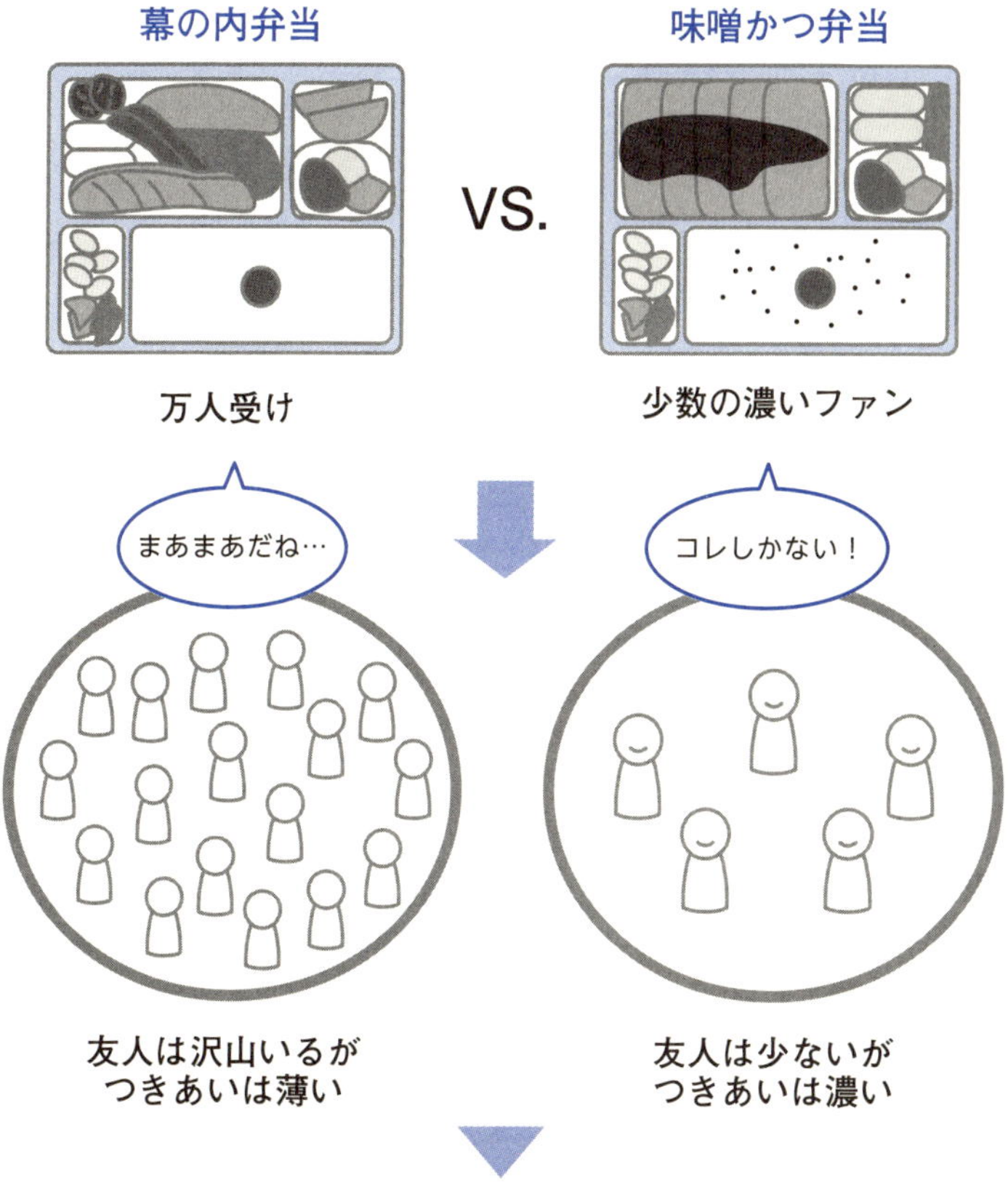
幕の内弁当
味噌かつ弁当
VS.
万人受け
少数の濃いファン
まあまあだね…
コレしかない！
友人は沢山いるが
つきあいは薄い
友人は少ないが
つきあいは濃い

誰にでもいいことは、誰にもよくないこと。

63 穴をもっと深く掘れ！

「こんな仕事をしていていいのだろうか？」

誰にでもそんな思いが頭をよぎり、迷いが生じ、悩むものです。そんな時は、「目の前の仕事に一点集中セヨ」「深く穴を掘れ」と言いたいのです。

ランチェスター戦略の素晴らしさは、人生にも通じていることです。**迷っているから弱々しいのです**。迷いを振り切り目の前のことに一点集中すれば道が開けます。もし仮に、3年間ひたむきに120％あなたの今の仕事に打ち込んで、先が見えなかったら違う道に行ったらいいのです。しかし、多くの人は一点集中していないのです。

うちの会社は、ただの廃品回収業だと思っていた人が、深く穴を掘り仕事に精通した瞬間に、自社は今、時代の最先端のリサイクル業であると気づき、大きく発展することがあります。イヤだと思っていた仕事が面白くて仕方がなくなるのです。**一点集中して深く掘ることがその人の人生を変えます**。迷いを振り切り仕事に誇りが持てるようになります。

穴をもっと深く掘れ！

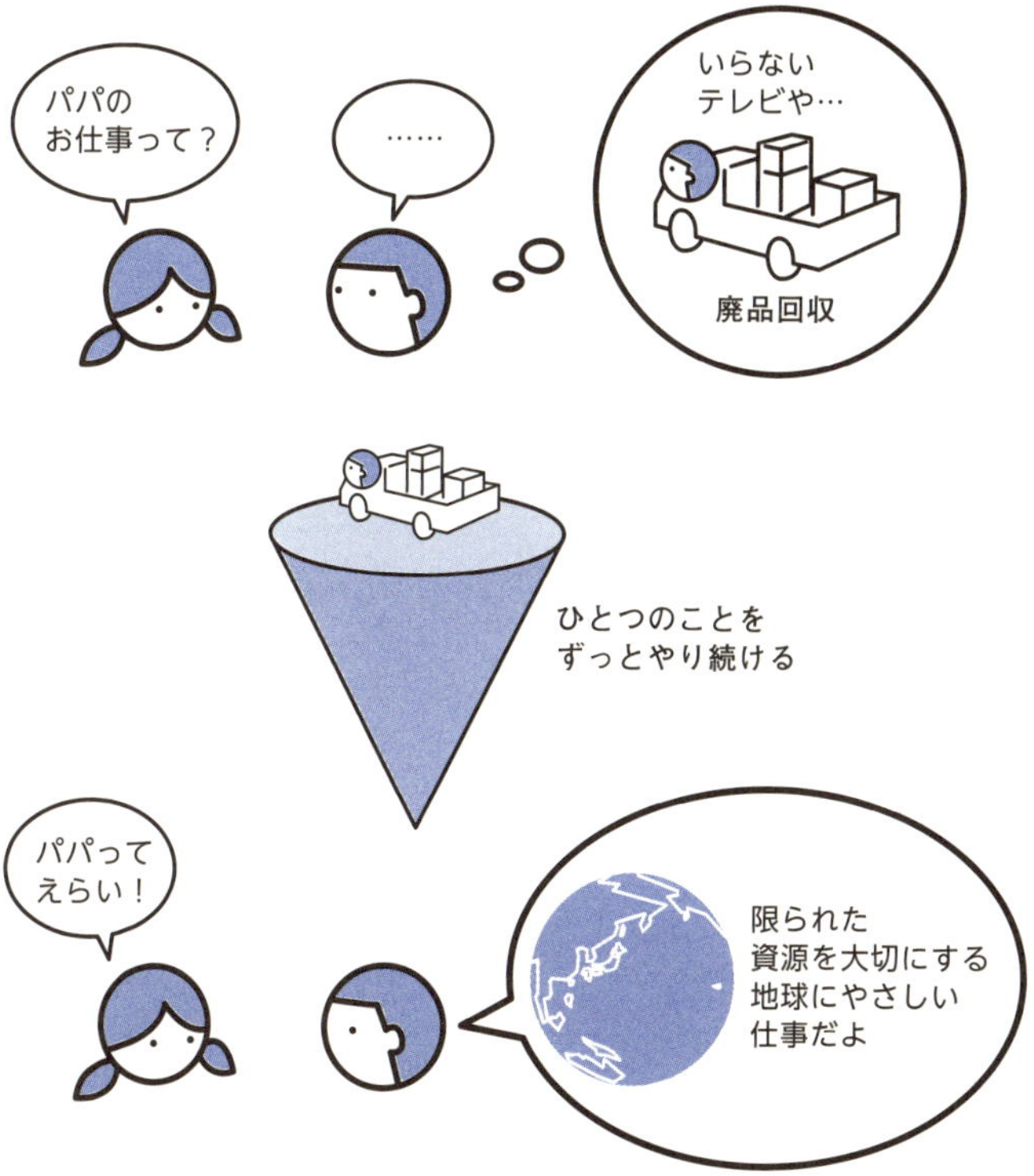
パパの
お仕事って？
……
いらない
テレビや…
廃品回収
ひとつのことを
ずっとやり続ける
パパって
えらい！
限られた
資源を大切にする
地球にやさしい
仕事だよ

64 何で生き残るのかを決める！

「山田くーん、座布団持ってきて」。おなじみの「笑点」での一コマです。この山田君（さん）、座布団運びに一点集中して生き残っています。派手な仕事でもない、難しい仕事でもない、どちらかというと人が嫌がる仕事でテレビに出続けています。

「笑点」「ヤン坊マー坊天気予報」「笑っていいとも」など、テレビの長寿番組も毎回同じことの繰り返しです。笑点といえば大喜利、笑っていいともといえばテレホンショッキングとお決まりのことをやり続けています。よく飽きないな、もっと違ったことをやればいいのに、と思います。しかし、逆に毎回派手なことをする番組ほど飽きられてしまう。

ビジネスでも時代の最先端を行くＩＴ系の企業は華々しいのですが、業績が乱高下してすぐに倒産する。一方、マクドナルド、コカ・コーラ、カルビーのようなアナログでずっと同じ商品をやり続けている会社ほど、安定して好業績を続けている。**地味な仕事をコツコツと続けてゆくのが弱者の戦い方**。生き残っている企業のやり方そのものです。

何で生き残るのかを決める！

マクドナルド　　コカ・コーラ　　カルビー

ずっと同じ商品をやり続けている会社ほど
業績が安定している

あなたは何で生き残るのか？

地味な仕事をコツコツ続けていくのが、
弱者の戦い方。

65 何でNo.1になるのか？ スキで得意に一点集中！

自分が会社でも業界でも、何かでNo.1を目指そうとする時には、自分の好きなこと、得意なことで勝負をすることをおススメします。好きと得意に一点集中です。理由は好きなこと、得意なことでないと長く続かないからです。

人が嫌がることでも、自分が好きなことなら苦になりません。好きなことをやっているとそれが得意になるのです。好きなことに費やす時間が、圧倒的に他の事柄より多くなるからです。人にはそれぞれ役割がありますから、会社の中を見回して、**人があまり得意ではないが、自分にはあまり苦ではないものを見つける**ことです。

同期の2人が30年後にどうなるのか？　ある意図をもって、自分はこの道が好きだからこれを勉強してゆこうと思って30年を過ごした人と、なんとなく30年を過ごした人では、人生が違ってくるはずです。自分の好きを追求して、ランチェスターで一点集中して努力をしていけば、きっとある領域で傑出した素晴らしい人生が待っているはずです。

スキで得意なことに一点集中する

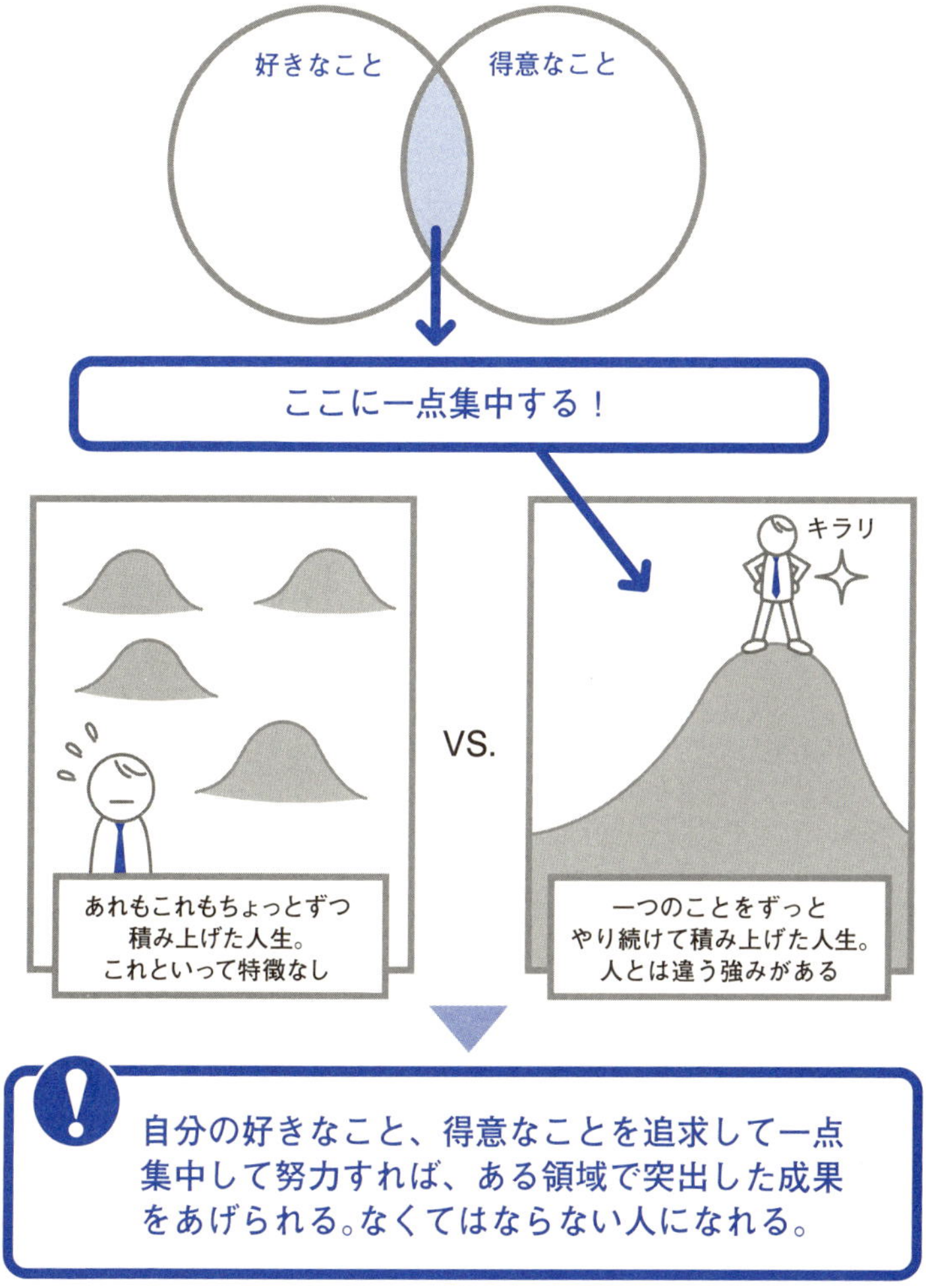
好きなこと
得意なこと
ここに一点集中する！
キラリ
VS.
あれもこれもちょっとずつ
積み上げた人生。
これといって特徴なし
一つのことをずっと
やり続けて積み上げた人生。
人とは違う強みがある
自分の好きなこと、得意なことを追求して一点
集中して努力すれば、ある領域で突出した成果
をあげられる。なくてはならない人になれる。

66 時間のランチェスター戦略 その1

毎日1時間を1年間続ける

人生とは、自分の時間を何にどう使うのかで決まります。

一生の時間は、約70万時間（＝８７６０時間／年×80年）。この70万時間の使い方を明確に定めることはできなくても、１年間でテーマを決めることはできるでしょう。

例えば、毎日１時間だけセールスの本を読めば、１年間で３６５時間学べます。これは一般的な年間労働時間２０００時間の18％、つまり２か月に相当します。たった１時間のことですが、毎日１年間継続すると、２か月間会社に通って働いたのと同じだけの時間になるのです。そう考えるとちょっと驚きです。

だから、その時間を自分がスキで得意なことに一点集中すれば、№１への道は見えてきます。何もゼーゼー息を切らして、根性でやりきれ！　というのではありません。**コツコツと毎日、１時間だけそのことに一点集中する**。ブレないで、一つのことに時間を使ってやりきることが、他者との差別化になるのです。

時間のランチェスター戦略【その①　毎日１時間を１年間続ける】

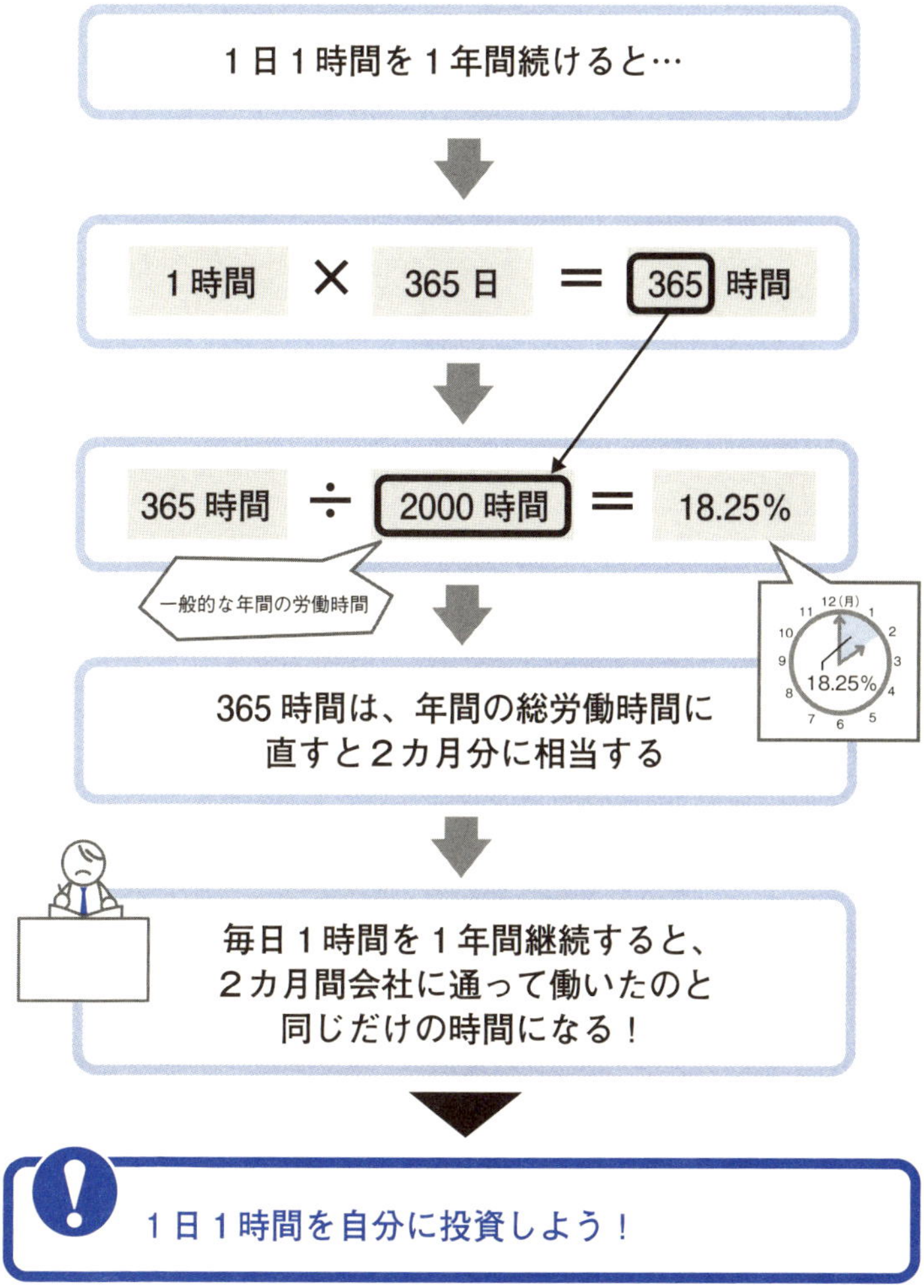
１日１時間を１年間続けると…
１時間 × 365日 ＝ 365時間
365時間 ÷ 2000時間 ＝ 18.25%
一般的な年間の労働時間
18.25%
365時間は、年間の総労働時間に
直すと２カ月分に相当する
毎日１時間を１年間継続すると、
２カ月間会社に通って働いたのと
同じだけの時間になる！
１日１時間を自分に投資しよう！

67 時間のランチェスター戦略 その2
毎日15分を3年間続ける

「毎日1時間」が難しければ、一日15分何かに特化してやる方法もあります。自分のためだけよりも、少し人のためにやることは、結局自分のためになります。情けは人のためならず。利己ではなく利他の行いが、あなたの幸せにつながるのです。

例えば、毎日15分だけ、3枚だけ、はがきを書く。これを3年続けると3枚×365日×3年＝約3000枚になります。このくらい続けると、「私は、はがきを書いています」と人に言えます。

相手も分散しないほうがいいです。**3000人の人に1枚ずつ書くよりも、300人の人に10枚ずつ書く**ほうが、もらった相手もあなたのことを覚えています。さらに特化して、30人の人に100枚ずつ書けば相手は忘れようがなくなるでしょう。このように、あっさりしつこく、ちょっとしたことを、ながーく続けてゆくことも大切です。弱者は人が面倒くさがることを、コツコツと積み上げていくのが差別化の一つのやり方です。

時間のランチェスター戦略【その②　毎日 15 分を3年間続ける】

❶ 毎日 15 分、３枚だけはがきを書く

❷ これを３年間続けると…

３枚 ×365 日 ×３年＝ **3285 枚**

❸

何か長く続けている
ことはありますか？
私は、毎日はがきを
書いて３年になります

弱者は人が面倒くさがることをコツコツ
積み上げていくのが差別化の一つのやり方。

68 時間のランチェスター戦略 その3
週1回、月1回、年1回好きなことをやる

「何かをやるのはいいけど、毎日はちょっと大変だなー」と思っている人もいるでしょう。そこでもう少し、始めやすいのがこの、週1回、月1回、年1回です。

週に1回、書道教室や料理教室に通えば、年間で52回行けます。それを3年やれば、52回×3＝156回。これでも立派なものです。きっと上手になっているはずです。

さらにやりやすいのは、月に1回のもの。月に1回となると回数が少なくなりますから、より長い継続が必要です。月1回の自主勉強会を開くなら、10年で（10×12回＝）120回開催となります。また、年に1回のものなら、ウィンブルドンの決勝を毎年、必ず20年間見る。これも一つの一点集中です。

カンタンなものでも、人生の早いタイミングでやることを決めて、ながーくやると、人と差別化できます。今からでも遅くありません。自分の好きなことに一点集中して、一生続けられる何かを自分で決めるのも、時間の一点集中戦略です。

時間のランチェスター戦略【その③　週1回、月1回、年1回好きなことをやる】

● 週に1回 × 3年 ＝ 156回

例）英会話教室、書道教室に行く

● 月に1回 × 10年 ＝ 120回

例）俳句の会に行く、読書会を開く

● 年に1回 × 20年 ＝ 20回

例）ウィンブルドンの決勝を見続ける、
伊勢神宮に通い続ける

人とは違う、自分だけの引き出し、ネタを持つ。

！ 自分の好きなことに一点集中して、
一生続けられる何かを自分で決めるのも
時間の一点集中戦略になる。

69 人前で1時間話ができる人になれ！

自分の得意を見つけて、1時間話ができるようになることは大切です。ある事柄を一点集中して勉強し、**「～のことなら鈴木さん」**と言われるようになるのです。1時間話すには、3倍の3時間は準備してネタを作る必要があります。さらに30時間、3か月、3年、30年と勉強を続けていくことです。

エクセルの使い方なら田中さん（日常のスキル）、手帳の使い方なら佐藤さん（ビジネスツール）、IT業界の知識なら高橋さん（業界知識）、飛行機100年の歴史なら渡辺さん（機械・商品の歴史）など、切り口はいくらでもあります。

さらに、接待に使える店なら伊藤さん、B級グルメなら小林さん、イタリアンなら山本さんとなればいいのです。ラーメンなら中村さんとなれば、九州ラーメンの博多、熊本、鹿児島のベスト3はここ、ダシの違いはこうと話せる感じです。でも、趣味よりまず、仕事でNo.1になってください。1時間話せるように。

人前で1時間話ができる人になれ！

本日は、
ソーシャルメディア
時代における…
SNS時代の
効率的な
販促戦略

まずは仕事関連で1時間話せるようになろう。
次に趣味のことで1時間話せるように。

70 人と違うことをする

挨拶・返事・掃除

ここまで読んで「へーっ」と思うだけでは、あなたの人生はよくなりません。だから、何か一つ行動を変えることが大切です。髪を赤くするとか、奇抜なことをしなくてもいいのです。逆に当たり前のことを徹底してやることで、違いをつくることを勧めています。

それが、**挨拶・返事・掃除**です。「朝の挨拶、人より先に」(森信三)。これ、すごい言葉です。朝、会う人全員にその人より先に挨拶する、それも気持ちのいい笑顔で。返事は、相手に聞こえる気持ちのいい「ハイ」。打てば響くような「ハイ」です。これを家庭と職場でやり始めてください。家庭でやることが先、ここがポイントです。

掃除は毎日、時間と範囲を決めてやることです。とにかくやることなのです。本を読む人は知的レベルが高いのですが、どうしても理屈が先行して手足が動かない。それを解決する一番の方法がこの、挨拶・返事・掃除です。今、本を読んでいるすぐ近くにゴミが落ちていませんか。サッと拾ってゴミ箱に捨ててください。まず、やること。

挨拶・返事・掃除で差別化する

挨　拶

おはよう
ございます
おはよう
ございます

「朝の挨拶、人より先に」

返　事

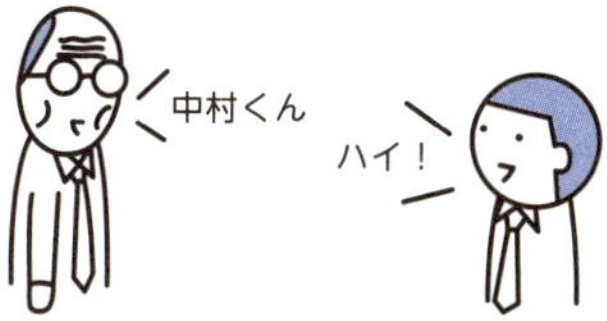
中村くん
ハイ！

「打てば響くような返事を」

掃　除

いつも机の上が
きれいだね
ありがとう
ございます

**！ 当たり前のことを
徹底してやることで差別化できる。**

71 スポーツも一点集中する

「スポーツは何かやっていますか?」。仕事のはじめによく交わされる会話です。「ええ、ゴルフとテニスとサッカーをやっています」「そうですか、私もゴルフを……」と、会話をつなげるのにはいいかもしれません。しかし、実際にやるとなると、あなたは本当に3つのスポーツに時間を使えるのでしょうか?

ランチェスター戦略に従えば、一番好きなもの(例えば、テニス)だけに特化すべきです。こういう私も、昔はいろいろなスポーツをやりました。でも、今は広げません。3種類に広げると使える時間が1/3になり、上手くならないし、つまらないからです。

それよりも、テニスだけに特化してやるほうがいい。一点集中して3倍の時間を使えるので、**たとえ毎週1回でも、無理なく10年続ければ、間違いなく上手くなる**。さらに知識も友人も増える。もし3種類のスポーツをやろうとしたら、どれも中途半端でうまくなりません。だから、一点集中したほうがいいのです。

スポーツも一点集中する

休みの日は、
ゴルフとテニスと
サッカーを
やってます
それは
いそがしいですね

一番好きなものに特化する！

テニスだけ！

**たとえ週に1回だけでも、
10年続ければ確実に上達する。**

72 あなたに一点集中する

「自分のような人間が生まれてきてよかったのだろうか？」

自分には価値がないのではないだろうかと悩む人には、あなたはあなたに一点集中してくださいと言っています。あなたがあなたにならないで誰があなたになる、と言った人がいます。そのとおりです。まわりを見て、他人と比較するから迷いや悩みが生じるのです。

あれもこれもやろうとか、**どこか他にもっといいところがあるはずだとか、こんなところにいなかったらもっと幸せだったのにとか**、そう思う時間がもったいないのです。迷いや甘えや不満を持つその時間とは、一点集中していないことの表れです。

だから、自分が自分になることに一点集中することです。それは、目の前の仕事に一点集中し、目の前の人に一点集中することでしか見つからないのです。自らの足下を深く掘ることなのです。あなたにはあなたの役割が、天から与えられているはずです。そのあなたの役割に一点集中することが、人生をよくする唯一の方法です。

目の前の仕事に一点集中する

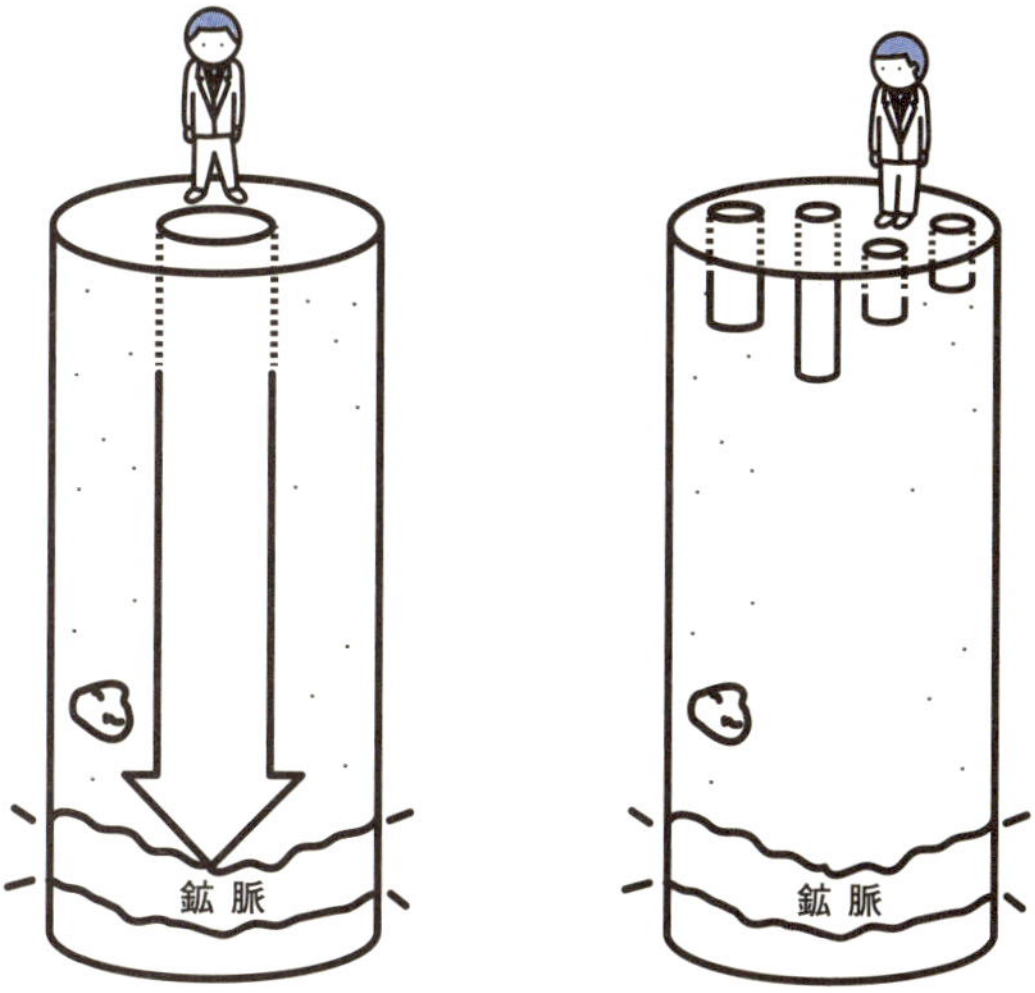

今の会社
今の職場
今の仕事に
一点集中する！

あれをやったり、
これをやったり
もっといいものがあるのではと、
一点集中できない…

▼

自らの足下を深く掘ろう。あなたの使命に
一点集中することが人生をよくする唯一の方法。

73 No.1を目指すから謙虚になる

どの世界でも、小さな村や市や県でNo.1になると傲慢になります。自分が一番で人がバカに見えてくる。しかし、日本一、そして世界一を目指した瞬間に、謙虚にならざるを得ないのだと思います。上には上がいると気づけば、自分の至らなさがわかります。一生かかっても登れない山を、はるか遠くに見る心境です。

小さなところからNo.1を目指し、実際にNo.1になれば、うれしいものです。誇りを持てます。仕事が楽しくなります。モチベーションが上がります。しかし、その道のりは決して楽なものではありません。なぜなら、No.1を目指すからです。No.1にはNo.1の考え方、生きざまがあります。ラクをしていたらNo.1になれるわけがないのです。

ビジネスにおいては、No.1になることは大切です。しかし、それだけが目的ではないのです。No.1になるプロセスで、厳しい生き方をしなければならないことが、その人の成長となり、謙虚さを身につけることになる。そのことに価値を見出してほしいのです。

No.1を目指すから謙虚になる

No.1になるプロセスで、
厳しい生き方をしなければならないことが、
その人の成長となり、謙虚さを身につける
きっかけとなる。

74 ブレない軸を持ち、やり続ける

万人受けを狙わないとなると、では一体、自分は何を基準にしたらいいのだろうと不安になるものです。京セラの稲盛和夫氏は、「人として正しいことを経営の判断基準にしてきた」といいます。公正、正義、努力、勇気、誠実ということばで表されるものです。

そのように仕事をするうえで、何か一つ自分の中にブレない軸を持つことをおススメしたいのです。あれもこれもやろうとするとうまくいかないので、例えば、礼儀正しさに一点集中して、「必ず礼を守る」を自分自身が一生続けるルールにしてみるのです。人に挨拶する時は体を45度に折り、必ず3秒静止する。迎え3歩に見送り7歩ということばがあるように、人を送るときは、必ず1階の玄関まで行き、相手が見えなくなるまで見送る。

今日は、ちょっとやらなくてもいいか……と、弱い自分が頭をもたげます。でも、**何があってもこの行動だけはやり続ける**、と小さな行動を積み上げてください。あまり広げなくていいのです。自分なりのこれ「だけ」に一点集中して続けることが大切です。

ブレない軸を持ちやり続ける

人として正しいことを
経営の判断基準
にしてきた

稲盛和夫氏

何か一つ自分の中にブレない軸を持とう！

例えば…

礼儀正しさを軸にする

これを毎日繰り返す！

ありがとう
ございました

自分なりのこれ「だけ」に一点集中して、
やり続けることが大切。

75 No.1を積み重ねよ

どんな小さなエリア、どんな小さな顧客、どんな小さな商品でもいいから、小さなNo.1を積み重ねよ、と私は言っています。初めから大きなものでなくていいのです。いや、初めから大きなものではダメなのです。小さな領域に絞り込み、小さなNo.1の目標を設定する。誰にでもできる、小さなことでいいのです。そこから始めることです。

小さなNo.1が1つ2つとできれば、自信が持てます。誇りが持てるようになるのです。いじけた人生である必要がなくなるのです。だって、No.1なのですから。No.1は小さなNo.1の積み重ねでしかありません。そのことに本当に気づけば、一点集中の大切さがわかってもらえると思います。

そうです。**あなたにもできます。**世の中にはガラ空きのフィールドがたくさんあるのです。あなたが努力しさえすれば、No.1になれるところがたくさんあるのです。あなたもランチェスター戦略でNo.1を手に入れ、ぜひ、よき人生を手に入れてください。

No.1を積み重ねよ

どんな小さな　エリア
どんな小さな　顧客
どんな小さな　商品
どれでもいいから

小さなNo.1を積み重ねよ

おわりに

変わり者のススメ

人間にはみな、目鼻口がついています。

でも、世界中で誰一人として同じ顔をした人はいない。みな違っていることは当たり前のことです。だから、人と違っていることを恥ずかしがらずに、誇りに思っていい。変わり者と呼ばれることも恐れなくていいのです。

人は、それぞれ世の中で果たす役割があります。みかんはみかん、リンゴはリンゴです。みかんがリンゴになろうとするからおかしくなる。みにくいあひるの子は、実は白鳥です。人と違うことは差別化なのです。同じになろうとしないことのほうが尊いのです。

「いい大学に入って、いい会社に入るのが正解の時代」が終わりました。これが正解！がない時代には、人と違う生き方をすることが大切です。差別化の時代です。それこそがランチェスター戦略です。変わり者でいましょう。人と違うことがいいのです。でも、人に迷惑をかける変人ではいけませんよ。弱者は差別化をするとは、つまり、あなたらしく生きること。あなたの強みを徹底的に一点集中して伸ばすことなのです。

行き当たりばったりの人生をやめよう

人生でも仕事でもうまくいかない人の特徴は、「行き当たりばったり」なのです。一方、うまくいく人の特徴は、計画性がある。この計画性とは、戦略のことです。戦う計画のことを戦略といいます。戦略とは、やらないことを決めることでもあります。

Ａだけやる、と決めたということは、Ｂ・Ｃ・Ｄ……をやらないと決めたことなのです。しかし、多くの人はＢに少しチャンスがあると、スケベ心を出して「まあいいか、やっておこう」となってしまう。振り返ってみたら、あれもこれもやっていて、行き当たりばったりの人生だったと気づく。そして成果があまり出ていない。

そんな生き方をやめましょう！　と言っているのが、ランチェスター戦略です。人生では大半の人が弱者です。日本中の人が上場企業の社長にはなれません。でも、自分が生き残る場所を見つけて、自分の得意分野の小さなところでNo.1になることは、不可能ではないのです。行き当たりばったりでなく、計画性をもって一点集中すれば可能なのです。

ランチェスター戦略とは「道」

人生とは毎日の積み重ねです。時間を積み重ねたものが人生です。その時間をどれだけ真剣に、一点集中して積み重ねたかで、その人の人生の充実度が決まると思います。一点集中すればするほど、その人に凄みがでてきます。

日本には、柔道、剣道、書道、はがき道、そして掃除道まであります。柔の道、剣の道、書の道を極める。われわれ日本人は、この「道を極める」ということに美しさを感じとる感性を持っています。1つの事柄を徹底して行う美しさに気づけるのです。そこに「道」を見出すのです。実は、特化して一点集中し続けると仕事のスキルが上がると同時に、人格が磨かれることを、誰でも無意識にわかっているからだと思うのです。

「私の前に道はない、私の後に道ができる」――。一点集中してコツコツコツコツとひたむきに時間を費やし努力する。振り返ると、そこに道ができている。充実感があった、達成感があった、そう思えるほどに一点集中する。それがランチェスター戦略です。

著者

【参考文献】

『稲盛和夫のガキの自叙伝―私の履歴書』稲盛 和夫著、日経ビジネス人文庫
『情熱・熱意・執念の経営 すぐやる！ 必ずやる！出来るまでやる！ 』永守 重信著、ＰＨＰ研究所

【ランチェスター戦略の参考図書】

『ランチェスター販売戦略＜1＞戦略入門』
『ランチェスター販売戦略＜2＞市場参入戦略』
『ランチェスター販売戦略＜3＞テリトリー戦略』
『ランチェスター販売戦略＜4＞代理店・特約店戦略』
『ランチェスター販売戦略＜5＞セールスマン戦略』
（シリーズ５巻、田岡信夫、サンマーク文庫）

『そうなのか！ランチェスター戦略がマンガで3時間でマスターできる本』（田岡佳子、明日香出版社）

『ランチェスター戦略ハンドブック』（田岡佳子、秀和システム）

『ランチェスターの基本戦略がわかる本』（日本ランチェスター協会、三笠書房）

『最新ランチェスター戦略マニュアル＜1＞戦略入門編』
『最新ランチェスター戦略マニュアル＜2＞戦略実践編』
（シリーズ２巻、日本ランチェスター協会編、多田眞行監修、ビジネス社）

『ランチェスター戦略「弱者逆転」の法則』（福永雅文、日本実業出版社）

『ランチェスター経営戦略』（坂上仁志、明日香出版社）

『図解ランチェスター戦略』（NPO ランチェスター協会 塩手干城監修、中経出版）

『ランチェスター戦略がイチからわかる本』（現代ビジネス兵法研究会、竹端隆司、すばる舎）

謝辞

ランチェスター販売戦略は、昭和45年に故田岡信夫先生がランチェスターの戦争の法則から初めて導き出したビジネスの戦略思想です。「勝ち方には一定のルールがある、その基本的思想をランチェスター法則から学び取れ」が先生の一貫した主張でした。

そして先生は、ランチェスター法則をすべての戦略哲学の中核に据え、複眼的で弁証法的な発想と、知的な論理の展開法を重視し、今日のランチェスター販売戦略の全体系を築きあげました。本書の著者・坂上仁志は本書を執筆するに当たって、先生の先駆的業績に敬意を払い、ここに衷心より感謝の意を表明します。

NPOランチェスター協会

田岡信夫が構築した経営戦略を多くの企業に普及させ、経営の発展と安定化および経済の発展に貢献することを目的として、井関利明（当時慶応義塾大学総合政策学部学部長）、矢野弾（同矢野経済研究所副社長）らが発起人となり、1988年設立。1994年NPO法人化、活動をはじめた団体。有名企業から中小企業までの経営層、企画・営業部門マネジャー、第一線の営業員たちに、ランチェスター戦略の研修、コンサルティング、ソフトウェアの提供を行っている。現在、本部（東京）のほか、関西支部、北海道支部、東北支部、中国支部が普及活動に励み、多くの企業の業績向上・シェアアップ・営業力強化に貢献している。

URL：http://www.lanchester.or.jp
E-mail：lanchester@lanchester.or.jp

NPO
LANCHESTER
association

[著者]
坂上仁志（さかうえ・ひとし）
株式会社フォスターワン　代表取締役社長
弱者必勝のランチェスターNo.1戦略経営コンサルタント
一橋大学卒、新日鉄、リクルートなどNo.1企業に勤務後、ゼロから人材企業を立ち上げ小規模ながら売上・利益・利益率で日本一の実績をつくる。3年で日本一の会社を立ち上げた「実績」を持つ日本で唯一人のランチェスター協会正式【認定】インストラクター。
ランチェスターNo.1戦略の第一人者として、日本人として初めてランチェスター戦略の海外講演をロンドンで行う。2011年度には早稲田大学講師を務める。
主な著書に、『ランチェスター経営戦略』『ランチェスター営業戦略』（いずれも明日香出版）『日本一わかりやすい経営理念のつくりかた』『日本一わかりやすい会社のつくり方』（中経出版）等がある。
＊著者が運営するウェブサイト「フォスターワン」でランチェスター戦略の資料が無料でダウンロードできます！
☞http://www.foster1.com/
＊経営者向け「無料」のランチェスター講演会やっています。

世界一やさしいイラスト図解版！
ランチェスターNo.1理論
――小さな会社が勝つための3つの結論

2012年7月20日　第1刷発行
2016年11月9日　第8刷発行

著　者――坂上仁志
発行所――ダイヤモンド社
〒150-8409　東京都渋谷区神宮前6-12-17
http://www.diamond.co.jp/
電話／03·5778·7234（編集）　03·5778·7240（販売）
装丁――――井上新八
本文デザイン・DTP――ムーブ（新田由起子、川野有佐）
イラスト――大野文彰
製作進行――ダイヤモンド・グラフィック社
印刷――――加藤文明社
製本――――川島製本所
編集担当――高野倉俊勝

ISBN 978-4-478-02041-8